本书由五邑大学高层次人才科研启动项目（项目编号 2019AL027）资助出版

BIAOZHUN BIYAO ZHUANLI XUKE SHIYONG
FALÜ WENTI YANJIU

标准必要专利许可使用法律问题研究

何荣华 著

知识产权出版社
全国百佳图书出版单位
—北京—

图书在版编目（CIP）数据

标准必要专利许可使用法律问题研究/何荣华著. —北京：知识产权出版社，2022.9

ISBN 978-7-5130-8386-7

Ⅰ.①标… Ⅱ.①何… Ⅲ.①专利权法—研究 Ⅳ.①D913.04

中国版本图书馆 CIP 数据核字（2022）第 177495 号

内容提要

标准必要专利许可使用产生于技术专利化、专利标准化、标准全球化背景下。本书结合境内外诸多典型案例，围绕这些案例的司法判决，对其中的共性法律问题，如标准必要专利许可应当遵循的原则、标准必要专利许可使用费的确定、标准必要专利许可使用中的专利劫持和反专利劫持、标准必要专利许可纠纷中禁令救济规则的适用展开论述。

本书适合高校老师、学生及法律工作者参考阅读。

责任编辑： 李　叶　　　　**责任印制：** 孙婷婷

标准必要专利许可使用法律问题研究

何荣华　著

出版发行：知识产权出版社有限责任公司	网　　址：http://www.ipph.cn
电　　话：010-82004826	http://www.laichushu.com
社　　址：北京市海淀区气象路 50 号院	邮　　编：100081
责编电话：010-82000860 转 8745	责编邮箱：laichushu@cnipr.com
发行电话：010-82000860 转 8101	发行传真：010-82000893/82005070/82000270
印　　刷：北京中献拓方科技发展有限公司	经　　销：新华书店、各大网上书店及相关专业书店
开　　本：880mm×1230mm　1/32	印　　张：6.75
版　　次：2022 年 9 月第 1 版	印　　次：2022 年 9 月第 1 次印刷
字　　数：151 千字	定　　价：48.00 元

ISBN 978-7-5130-8386-7

前言

在技术专利化、专利标准化、标准全球化背景下，境内外多家企业因无法达成标准必要专利许可使用协议而引发诉讼纠纷，如美国微软诉摩托罗拉、欧洲华为诉中兴、印度爱立信诉小米、中国华为诉IDC[1]、华为诉康文森等轰动全球的典型案例。

“得标准者得天下”，当专利成为技术标准不能绕开的要素时，必要专利就产生了。专利具有私权属性，对激励发明创造、保护发明人利益，以及促进技术的创新和进步有积极作用；技术标准具有公共属性，对维护社会公共利益、提高社会公共福祉、利用规模化生产提高生产效率具有积极作用。标准必要专利的许可使用是技术标准推广实施的重要内容，需要充分协调专利私有和标准公共之间的矛盾与冲突。

然而，平衡和协调标准必要专利许可使用中不同主体之间的利益关系，谈何容易！近年来，境内外频繁发生的标准必要专利许可使用纠纷充分说明了这一点。司法实践中，标准必

---

[1] 交互数字集团（IDC）在无线通信标准领域拥有超过19 500项专利，公司主要利润来源于专利许可费。

要专利许可使用诉讼中涉及的法律问题主要体现在以下几方面：一是在标准必要专利形成的过程中，专利权人以善意、诚信的行为作出符合技术标准组织要求的许可承诺；二是在标准必要专利许可使用过程中，专利权人及技术标准实施者双方以诚信、善意参与谈判，遵守公平合理无歧视原则，不实施专利劫持或反向专利劫持行为，为达成标准必要专利许可使用协议尽到了努力；三是当标准必要专利权人与技术标准实施者无法达成标准必要专利许可使用协议时，法院依法裁定有争议管辖权的法院，确定合理的标准必要专利许可使用费，颁发恰当的禁令救济。

对此，本书结合境内外相关典型案例，对标准必要专利许可使用中的相关法律问题进行系统、深入的研究，试图建构一个适合我国并符合国际规则的解决方案，以促进此类案件的裁决和我国相关法律制度的完善，指引我国企业参与全球产业竞争，实现国家利益的最大化。

目录

第一章

导　论

第一节 研究背景与研究意义

一、研究背景

在技术专利化、专利标准化、标准全球化及我国部分科技型企业被技术封锁的大背景下，标准必要专利在企业乃至国家竞争中的重要地位日渐突出。实践中，标准必要专利权人与技术标准实施者因为无法达成标准必要专利许可使用协议而在全球范围内产生了大量诉讼纠纷，在国际社会产生了重大影响，引发了学术界、司法界对标准必要专利许可使用相关法律问题的广泛关注和热烈讨论。

标准必要专利在具有私权属性的专利标准化大趋势下，与具有公共属性的技术标准发生融合而形成，其持有人由此获得了相对的市场优势地位，在专利许可使用谈判中有一定的主动权与控制权。为了促进技术的发展进步和技术标准的推广实施，实现社会公共福祉，必须排除专利权人借助强势地位实施拒绝专利许可、专利劫持等垄断行为的可能。为此，技术标准组织制定了以“公平（fair)、合理（reasonable)、无歧视（non – discrimination)”为核心内容的知识产权许可政策，要求潜在的标准必要专利持有人作出将来愿意按照该原则许可其标准必要专利的承诺。

中国作为发展中国家，正在技术标准之路上奋起直追。2016年11月17日，中国华为技术有限公司（以下简称“华为公司”）击败美国高通公司（以下简称“高通公司”)，入选第五代移动电话行动通信标准（5G)，站在华为公司背后的支持者，是中兴通讯股份有限公司（以下简称“中兴公司”）、小米科技有限责任公司（以下简称“小米公司”）、阿里巴巴集团控股有限公司（以下简称“阿里巴巴”）、中国移动通信集团有限公司、OPPO 广东移动通信有限公司（以下简称“OPPO”）、VIVO 维沃移动通信有限公司（以下简称“vivo”）等中国大型技术型企业。当下，中国正从知识产权大国向知识产权强国迈进，中国企业正从“标准技术的使用者与跟随者”向“标准技术的提供者与引领者”转变。广东省高级人民法院于 2013 年 10 月宣判的华为诉 IDC 案，在国内乃至全球产生了重大影响，标志着中国已经成为标准必要专利许可纠纷的全球战场之一。

近期，我国法院审理了多起不断增长的标准必要专利许可案件，如南京中级人民法院 2018 年审理的华为诉康文森案，深圳中级人民法院 2018 年审理的中兴诉康文森案、2019 年审理的华为诉 IDC 案、2020 年审理的 OPPO 诉夏普案、2021 年审理的中兴诉天珑移动案，以及 2022 年审理的酷派诉 Pantechan 案，北京知识产权法院 2019 年审理的小米诉 Sisvel 案，广州知识产权法院 2019 年审理的 OPPO 诉 Sisvel 案、2022 年审理的 OPPO 诉 IDC 案，武汉中级人民法院 2020 年审理的小米诉 IDC 和三星诉 Ericsson 两案，重庆市第一中级人民法院审理的 OPPO 诉诺基亚案，这些案件当事人的诉讼请求几乎都包括请求法院确定涉案标准必要专利方面许可使用条件。鉴于中国目前在技术标准领域的国际地位及发展态势，未来我国法院必将成为解决全球标准必要专利许可使用纠纷的重要场所。

以上在知识产权领域新出现的重大、复杂、疑难案件，其司法裁判结果会对企业利益及产业发展乃至国家利益产生重大而深远的影响。因此，在国际规则框架下适用我国法律妥善解决标准必要专利许可使用中的法律问题，重要而又必要。

二、研究意义

（一）丰富现有理论成果

本书通过对标准必要专利许可使用相关典型案例进行梳理和研究，讨论了标准必要专利许可使用中当事人诚信和善意的认定、标准必要专利许可使用应遵循的公平合理无歧视许可原则及对专利劫持和反专利劫持的规制、恰当的标准必要专利许可使用费的确定、禁令救济规则的适用条件等法律问题，基于具体案件建言献策，有助于丰富现有理论研究成果，推动我国法院成为全球标准必要专利许可使用纠纷诉讼优选地。

（二）为审理标准必要专利许可使用纠纷案件提供理论支撑和经验借鉴，推动我国法院成为全球标准必要专利许可使用纠纷诉讼优选地

华为公司被技术封锁的部分原因是其专利入选 5G 标准。通信行业是技术标准化程度最高的领域，中国是全球智能手机制造基地，华为和中兴的迅速崛起，带动进入技术标准的中国专利不断增多，引发众多通信领域企业卷入全球标准必要专利许可使用诉讼中。随着未来我国技术型企业的不断发展壮大，法院、企业将会面临更多影响全球的标准必要专利许可使用纠纷案件。本书对于提升我国法院审理标准必要专利许可使用纠纷案件的质效、促使我国法院成为全球标准必要专利许可使用纠纷诉讼优选地具有积极作用。

（三）推动我国深度参与全球科技领域知识产权治理

当下，我国正积极参与世界知识产权组织框架下的新领域、新业态知识产权国际规则和标准制定，本书对于促进我国企业参与全球技术竞争与合作、推动我国参与相关技术领域的知识产权规则制定具有积极作用。

第二节　研究方法与研究内容

一、研究方法

本书在写作过程中，主要有以下三种研究方法。

第一，案例研究法。案例研究法是法学研究中常用的一种方法，也是本书研究中使用的一种重要研究方法。着眼于当前境内外具有典型意义的标准必要专利许可使用纠纷案件，通过对案件共性法律问题的归纳和分析，总结各国司法实践中对共同争议问题的不同经验和做法，为我国法院裁判类似案件提供有益借鉴和案例依据。

第二，比较研究法。各国之间由于政治、经济、文化等存在差异，对标准必要专利许可使用费的确定方法、禁令救济规则的适用态度明显不同。本书通过对各国标准必要专利许可使用纠纷案件司法判决结果的比较，总结出其中的一般性规则和有益经验，为我国标准必要专利许可使用费的计算、禁令救济规则的适用等提供借鉴和参考。

第三，文献及实证研究法。本书收集整理大量国内外学术文献，以及各国知识产权管理部门、技术标准组织发布的知识产权政策文件，通过对文献的归纳整理形成对标准必要专利、公平合理无歧视原则、专利劫持、禁令救济等重要法律概念的客观认知。

二、研究内容

本书研究了因标准必要专利许可使用而引发的案件所具有的共性法律问题，如标准必要专利许可使用中应遵循的原则、标准必要专利许可诉讼中法院对合理许可使用费的确定、标准必要专利许可使用中的专利劫持与反向专利劫持、标准必要专利诉讼中禁令救济规则的适用问题。

第一章导论概括本书的研究背景与研究意义、研究方法与研究内容、学术创新与不足。

第二章论述标准必要专利的产生、内涵及认定。从专利、技术标准、专利许可等相关概念的内涵，技术标准化的重要性与专利标准化的必然性谈起，论述专利与技术标准结合的动因、方式和效果，以及认定标准必要专利的维度和方式。

第三章论述标准必要专利许可使用应遵循的法律原则。专利在进入技术标准之前，权利人应技术标准组织的要求，应当作出将会以公平合理无歧视条件许可进入技术标准的专利的承诺；在标准必要专利许可使用谈判及许可使用协议履行过程中，当事人双方应当遵守公平、合理、无歧视原则。本章对公平、合理、无歧视的内涵进行详尽阐释，对公平合理无歧视原则的法律性质、核心价值进行具体分析。

第四章论述标准必要专利许可使用中的许可费计算。通过对司法实践中标准必要专利许可使用费的计算方法如可比较协议法、修正的假设性协商法、自上而下法、专利池法的介绍，对计算标准必要专利许可使用费时应当考量的因素，如专利劫持与反向专利劫持、总量控制、标准必要专利许可双方谈判中当事人的善意、专利许可使用费的堆积、可比较协议等进行具体阐述，提出确定我国标准必要专利许可使用费的建议。

第五章论述标准必要专利许可使用纠纷中禁令救济规则的适用。禁令救济规则的适用对标准必要专利许可使用纠纷案件的走向产生极大影响。本章从禁令救济规则的内涵、适用情形、司法适用的域内外现状等方面展开论述，对我国标准必要专利许可使用纠纷中禁令救济规则的适用提出设定禁令救济规则具体适用条件的建议。

第六章结合我国企业卷入的标准必要专利许可使用诉讼案件，指出相关案件的三个特点，一是提起标准必要专利许可之讼是当事人的商业策略，二是标准必要专利权人采取新举措制约专利反向劫持行为，三是我国企业在国际标准必要专利竞争中处于弱势地位，认为解决标准必要专利许可诉讼需要通过司法诉讼途径，司法裁量需要诠释公平合理无歧视许可原则的内涵，技术标准组织应积极参与标准必要专利许可使用纠纷的解决，并充分考量当事人的诚信和善意。

第三节　学术创新与不足

一、学术创新

（一）选题新

新颖性、创造性是专利必须具有的法律特性，标准必要专利中的专利本身就是创新的产物。专利经济价值的实现依赖于专利的广泛使用，裁决标准必要专利许可使用纠纷案件的核心，在于回答“公平合理无歧视许可原则的内涵是什么？什么才是符合公平合理无歧视许可原则的标准必要专利许可使用费？标准必要专利许可谈判中当事人双方是否具有足够的诚信和善意？标准必要专利权人及技术标准使用者分别应当到哪个国家提起标准必要专利许可纠纷诉讼？法院在什么情况下应颁发禁诉令、禁执令或禁用令？”在当今科技竞争日益激烈、国际形势愈加复杂的背景下，本书主题是关系到国家和企业重大利益的新问题，已有研究成果多为学术论文或会议，以著作形式对该问题进行系统和深入研究的尚不多见。

（二）使用的资料新

本书使用了最新的境内外标准必要专利公平合理无歧视许可使用纠纷典型案例，如英国法院于2021年9月裁决的Optis诉苹果案，中国法院裁决的华为、中兴、三星与康文森标准必要专利公平合理无歧视许可使用纠纷案，以及技术标准组织和多个国家关于标准必要专利公平合理无歧视原则的最新政策法律规定，如美国司法部等三部门于2022年6月8日联合宣布撤回2019年《关于F/RAND标准必要专利救济措施的政策声明》。

（三）研究视角新

本书为阐释标准必要专利许可使用应遵循的公平合理无歧视原则的内涵、标准必要专利许可使用费的确定、标准必要专利许可使用纠纷中禁令救济规则的适用条件提供了新视角。

一是在阐释公平合理无歧视原则的内涵时视角全面，认为准确界定公平合理无歧视原则的内涵是解决标准必要专利许可使用纠纷的前提和基础，并从标准必要专利许可使用中存在公平合理无歧视原则价值，如垄断规制、私权至上、公益维护、利益平衡，以及司法案例角度，指出公平合理无歧视原则并不要求标准必要专利许可使用费及其他许可使用条件完全相同，而是与不同技术标准实施者达成具有统一可变性的许可使用条款。

二是在阐释公平合理无歧视许可声明的法律性质时，通过比较的视角，认为其是附带第三方权利义务的单方民事法律行为，不是专利许可使用合同，不是第三方受益合同，不是要约邀请，也不是一般的单方民事法律行为，而是一种以技术标准实施者和标准必要专利受让人为第三方的附带第三方权利义务的单方民事法律行为，在技术标准被有效实施期间，标准必要专利权人不能单方撤销公平合理无歧视许可使用承诺，其公平合理无歧视义务随着专利权的转让而发生转移。

三是在论述标准必要专利许可使用费的确定时，从许可使用费计算公式的角度论述，提出没有一个可以反复适用的通用公式可用于计算。标准必要专利公平合理无歧视许可使用费是标准必要专利权人和技术标准实施者双方谈判的结果，只是一个范围，并没有一个具体的标准。确定符合公平合理无歧视原则的标准必要专利许可使用费，这是司法裁量标准必要专利许可纠纷案件时应解决的核心问题。

四是在考量标准必要专利许可使用双方的责任时，从双方都应当遵守公平合理无歧视许可原则义务这一视角出发，指出无论是达成公平合理的标准必要专利许可使用费，还是设定公平合理无歧视的标准必要专利许可使用条件，双方必须全过程遵循公平合理无歧视原则。

五是在论述标准必要专利许可使用纠纷案件中禁令救济规则的适用问题时，研究视角触及国内产业发展的理念和当事人的诚信与善意，认为禁令救济规则的适用与否，是标准必要专利公平合理无歧视许可使用纠纷中的重要问题，不仅影响标准必要专利权人与技术标准实施者在专利许可谈判中的地位，而且决定标准必要专利许可使用费的高低。尤其是对于技术标准实施者来说，禁令救济的颁发往往能达成一剑封喉的效果。建议我国坚持限制禁令救济规则适用的立场，即在技术标准实施者没有恶意的前提下，标准必要专利权人不应申请对其实施禁令，国家行政及司法机构也不应当就标准必要专利的实施颁发禁令救济。同时，坚持诚信、善意是评判标准必要专利许可谈判中是否存在专利劫持和反向劫持的重要标准，如果在标准必要专利许可谈判中出现专利劫持行为，则应严格限制禁令救济规则的适用；反之，如果在标准必要专利许可谈判中出现反向专利劫持行为，则应支持禁令救济规则的适用。

二、不足之处

（一）文献的获取和使用有困难，未做到全书使用第一手文献资料

从国际可用文献来看，标准必要专利许可纠纷案件发生于美国、英国、德国、韩国、日本、印度等全球多个国家，这些案件的裁判文书所使用的语种较多，及时检索收集裁判文书并不容易，再加上技术标准及专利的技术特性和判决文书的极长篇幅，准确翻译同样面临着较大困难。笔者虽然尽力翻译了部分英文判决书的主要部分，但本书中的部分素材和资料不得不使用二手文献。

从我国可用文献来看，标准必要专利许可使用纠纷案件总体数量不大，近几年才在我国相对发达的地区发生，卷入诉讼的标准必要专利权人和技术标准实施者也属小众，并不具有普遍性。在并不多见的案件中，有一部分案件在审理过程中通过调解结案，有的达成和解，有的当事人撤诉，导致已公开的可供研究的案件和可供研读的法律文书有限。有的法律问题尚属首次在我国法院发生，如标准必要专利许可使用诉讼管辖权问题，导致可供参考的高水平研究文献不多。

（二）少量专业术语学界缺乏公认的表述，典型案件的分析评述需要更高维度、更多视角

标准必要专利的许可使用应当遵循“公平合理无歧视”原则，此处的“公平合理无歧视”属于“原则”还是“规则”，学界并无统一的说法，也没有充分的论证。笔者选择使用“原则”这一表述。

华为公司作为技术标准使用者，十多年来同时或先后在全球多个国家卷入标准必要专利许可使用诉讼案件，康文森、中兴公司、苹果公司均存在同时或先后因类似争议在同一或不同国家提起或被提起多起诉讼的情况。因此，对相关案件的分析不应局限于某一国家或某一案件，需要进行更高维度、更多视角的综合分析。

第二章

标准必要专利的形成与认定

专利具有垄断性，权利人通过对专利技术的垄断与使用，实现激励创新，保护专利权人合法权利的宗旨。技术标准具有公用性，相关主体通过技术标准的推广和应用，促进技术进步，实现社会公共利益的目标。随着科学技术的创新与发展，在以信息产业为代表的技术密集型产业中，专利技术几乎完全覆盖了高新技术发明成果，专利和技术标准开始紧密结合。当进入标准的专利是不可替代的技术方案，标准必要专利就产生了，此时，技术标准的推广使用以标准必要专利的许可使用为前提。

第一节 专利与技术标准

一、专利及其作用

专利即专有的权利和利益，通常用作专利权的简称，也指专利技术或发明创造本身。专利具有财产权属性，在商业化过程中通过实施专利法授予的垄断权而实现。从法律角度来看，专利权具有独占性、法定性、时间性及地域性。专利权的独占性，是指在一定的时间和空间范围内，专利权人以外的任何他人都不得为生产经营的目的实施专利、使用专利方法及依专利方法直接获得产品；专利权的法定性，是指专利权的获得、内容及实施等必须依据法律；专利权的时间性，是指在法律规定的期限内专利权才有效，不同国家的专利法所规定的专利权保护期限并不完全一样；专利权的地域性，是指专利权只在一定区域范围内有效。专利制度是在世界各国普遍建立并在国际上通行的、按照专利法而形成的法律制度，以专利申请、审查与授权为主要内容。

知识经济背景下，知识财产及其法定权利在国民经济中的地位变得越来越重要。专利作为重要的知识产权，已被上升为政治及产业运营的重要方面，发挥着重要作用。

第一，激励创新。专利制度的结构是在一定期间内向发明人提供独占权，以对抗仿造品的强有力竞争优势，作为发明人向社会公众公开与发明有关的技术信息的对价。企业往往不愿意进行有价值却需花费较大成本、承担较大风险的技术创新，更愿意直接利用便宜且易于模仿的技术。专利制度作为政府鼓励技术创新的措施，减缓了公司的这种行为趋势。[1] 研究表明，技术创新对企业成长起决定性作用，专利制度对创新的保护利于促进企业的技术研发及研发成果转化为专利。可以说，专利制度是实现专利价值的制度保障，通过授予专利权人一定时期的独占权，激发创新动力，回馈创新投入，推动社会科技进步并最终实现人类福祉。

第二，促进新技术的公开。授予专利权的前提是充分公开新技术方案。垄断权是专利制度给发明人的奖励，让发明人有动力以公开技术换取独占权。如果没有专利制度的激励及公开技术方案的要求，技术开发者收回研发投入及获利的最优方案，当然是对新技术的保密和严加看管。专利制度从创设之初就设计了以技术公开为专利权保护的对价。客观来说，创设该制度利于企业对新技术的研发投入，是新技术普及与公开的重要推手。

---

[1] 欧弗·格朗斯特兰德．专利与技术创新及开发的政策［M］//竹中俊子．专利法律与理论．沈旸，译，北京：知识产权出版社，2013：66.

无可否认，专利的消极作用亦客观存在。

一是可能引发专利权的滥用。法律授予专利权人以垄断权，容易导致相关技术领域竞争上的局限和价格上的垄断。毕竟，专利制度是对发明人的激励，会引导技术创新者对专利权的向往。实践中，在通信、计算机软件等领域，产生了大量质量低下的专利，不仅不能促进科技的发展，甚至因为专利权人的滥诉阻碍了科技的发展。

二是专利制度运行需要高成本。专利权的产生、确认和保护等，需要花费较高的时间和经济成本。具体说来，专利申请需要按照法定程序，经历法定时间，花费各项专利申请和维持费用。此外，维护专利权需要花费高昂的诉讼费用。

三是专利制度造成对技术的发展和利用阻碍。从当前的世界格局来看，几乎所有产业领域的先进技术，都由处在发达国家的企业尤其是跨国大公司把持。专利制度设计了经过许可并付费使用专利的模式，对于不发达国家、发展中国家及依靠技术发展的中小企业来说，将越来越依赖发达国家及其大公司的技术。如今，专利制度已经强大到限制和制约国家之间、企业之间的竞争。但是，技术是属于全人类的，科学是无国界的，技术首先应当为人类造福。所以说，专利制度对非专利主体权益的漠视，对技术创新者过多的关注，是以牺牲社会对新技术的自由使用为代价的。

二、技术标准化及其作用

（一）技术标准化

商品经济社会，标准无处不在。中国历史上秦始皇帝的伟大，不在于其修建宏伟壮观的万里长城，而在于其统一了度量衡、货币和文字，修筑了统一的车轨驰道。因为统一的形状和性能，便于加工制造，利于效率提高。这其中的“统一”就是标准的初始形态。

本书所讲的标准必要专利存在于技术标准之中，属于标准之列，故有必要首先厘清标准的内涵外延。近百年来，各国学者从不同视角回答了“什么是标准”。美国学者较早指出，标准是对计量单位或基准、物体、程序、方式、常用方法、能力、职能、办法、状态、义务、权限、责任、行为、态度、概念和构思的某些特性给出定义，作出规定和说明，是用语言、文件、图样等方式或模型、样本及其他表现方法所作出的统一规定。❶ 英国标准化专家指出，标准首先是经公认的权威机构批准的一个标准化工作成果，主要采用两种形式对标准进行确认：一是通过文件的内容来记述必须达到的一系列要求，二是通过米、安培、绝对零度等统一的物理常数或基本计量单位。❷ 标准组织指出，标准以科学、技术和经验为基础，以获得最佳社会效益为目的，由公认的机构协商一致制定并批准的文件，规定重复性活动或活动结果的规则、特性，供共同、重复使用。❸ 世界贸易组织规定，标准由

---

❶ 约翰·盖拉德于1934年出版的《工业标准化——原理与应用》属于较早系统论述标准化的著作，阐述的是标准化理论与实践方面的问题，在学界得到了较高评价，产生了较大影响。印度学者魏尔曼评价：“它开拓了向全世界传播标准化的想法和道路，指引着将来的人们进入标准化工作的领域。”

❷ 桑德斯于1974年出版的《标准化的目的与原理》在学界被广泛流传，产生了较大的影响。

❸ 国际标准化组织的标准化原理委员会（STACO）一直致力于标准化基本概念的研究，先后以“指南”的形式给“标准”的定义作出统一规定。如1991年，国际标准化组织与国际电工委员会联合发布指南《标准化与相关活动的基本术语及其定义》（第六版）。

公认的机构批准，是规定供通用或反复使用的产品加工、方法、工艺指南、规则或特性的非强制性文件。❶ 我国认为，标准是农业、工业、服务业和社会事业等领域统一的技术和管理要求❷，以科学、技术和实践为基础，统一规定比较稳定的重复性概念或事物，由相关方协商一致后经国家机关批准发布，作为相关领域共同遵守的依据和准则❸。

盖拉德从标准的外延出发，较详尽地罗列了有必要作出统一规定的事物及其表现形式、载体，指出标准具有时效特性。但其局限性在于没有揭示标准的内涵，所下定义不够精练。桑德拉从概念的内涵出发，强调标准需经权威机构批准，且是标准化的成果，指出了标准形成的程序。但其局限性在于除计量单位外，没有具体化标准的外延。国际标准化组织明确了标准的本质，制定标准的目的、作用等，揭示了标准的内涵。我国从标准产生的客观基础、制定标准的对象、标准的产生程序及本质特征四个角度界定了其内涵。可以发现，学者们对标准有不同的理解，但仍有共同之处：一是标准的产生以科技成果与实践经验的结合为基础；二是标准的制定需要兼顾并平衡技术研发与实施者、消费者和社会公共利益；三是标准具有重复性，需经权威机构批准。总之，标准表现为已颁布的，关于某具体领域特定术语的含义、重复使用的规则、精准的指标和详细的可操作的技术规范的文件，

---

❶ 世界贸易组织框架下的《技术件贸易壁垒协议》（以下简称《TBT 协议》）写明了适用于产品、生产方法或工艺的专门符号、术语、标签等要求。该协议是由世界贸易组织管辖的一项多边贸易协议，适用于所有产品，主要条款有总则、技术法规和标准、符合技术法规和标准、磋商和争端解决等。

❷《中华人民共和国标准化法（修订草案）》第 2 条。

❸ 任坤秀. 国际标准化简编［M］. 上海：上海财经大学出版社，1996：6.

能在一定期限内评判产品和服务的质量或对其提出安全标准，适合于产品、方法、服务、程序、材料、接口等预期目的。

标准可分为管理标准、技术标准、工作标准。技术是制造产品、提供服务或实施工艺流程的系统性知识。技术标准是在标准化领域内，对需要重复、协调的技术事项制定一种或一系列统一的指导性文件或强制性要求，以保障产品或服务的通用性，满足其进入市场的要求，是对产品和工程建设规格、质量、检验方法等所作的规定。[1] 简单说来，技术标准就是技术成果的标准化、规范化[2]，是所有参与产品生产、工程建设、市场开发及商品流通的主体应当共同遵守的技术规则，包括产品、材料、通用件、零部件、设备、方法、工艺、工程建设、卫生环境、安全、包装储运、技术管理等标准。几乎所有的标准都涉及技术，技术标准是其他标准形成和发展的基础。当然，技术不同于技术标准，虽然标准中的技术常被简称为标准。技术是标准的核心，是技术标准的基础，技术标准设立了技术达标的要求和条件。标准没有知识产权，而标准中的技术很可能有知识产权，技术标准中的专利许可能给权利人带来巨额经济利益。实践中，没有达到技术标准要求的技术属于不合格技术，很可能被强制禁止使用。

技术标准又可作不同的分类。依据标准制定的目的不同，分为私有技术标准和公共技术标准；依据标准适用范围的不同，分为国际技术标准、国家技术标准、行业技术标准、地方技术标准

---

❶ 李春田．标准化是一项科学活动［M］．北京：中国标准出版社，2000：38.

❷ 张平，马骁．技术标准与知识产权的关系［J］．科技与法律，2003（2）：112.

及企业技术标准，其中，国家技术标准又可分为强制性技术标准[1]和推荐性技术标准[2]；依据标准产生方式的不同，可分为法定技术标准[3]和事实技术标准[4]，其中，法定技术标准又可分为强制性法定标准和自愿性法定标准[5]。当然，技术标准的分类是相对的，不同类型的技术标准之间常常相互转化，如事实技术标准与法定技术标准，封闭式技术标准与开放式技术标准之间的相互转化。需要指出的是，本书中的“技术标准”是指法定技术标准，因为事实标准的产生以市场接受和认可为前提，不同于法定标准有计划、有组织的产生。通常，事实标准中的专利权人没有作出公平合理无歧视（FRAND）许可承诺，除非该事实标准已转化为法定标准。

技术标准化常被简称为标准化，是制定标准、组织实施标准和对标准实施进行监督的活动。[6] 学者们从不同角度给标准化下定义。例如，认为标准化是技术标准的制定过程，是对产业中的

[1] 《中华人民共和国标准化法》（2017 年修订）第 10 条第 1 款规定：“对保障人身健康和生命财产安全、国家安全、生态环境安全以及满足经济社会管理基本需要的技术要求，应当制定强制性国家标准。”第 4 款规定：“强制性国家标准由国务院批准发布或者授权批准发布。”

[2] 《中华人民共和国标准化法》（2017 年修订）第 8 条规定：“对需要在全国范围内统一的技术和管理要求，应当制定国家标准。”第 2 条规定：“国家标准分为强制性标准和推荐性标准。”

[3] 由政府标准制定组织或政府授权的标准制定组织所制定的标准。

[4] 由企业通过技术产品进行市场运作，得到市场的接受和认可从而成为该类产品的准入门槛，企业因此获得市场支配地位，事实标准的价值会随着消费者的增加而成倍放大。

[5] 自愿性法定标准是由私人标准制定组织制定，由业界自愿采用的标准，有开放式和封闭式两种表现形式。开放式是标准使用者可以自由免费或低价的使用开放式标准中所涵盖的技术；封闭式是标准使用者需要经过相关标准权利人的许可授权，方能使用封闭式标准所涵盖的技术。

[6] 《中华人民共和国标准化法（修订草案）》第 3 条第 2 款。

替代技术给予标准规格的过程；[1] 认为标准化是按照统一标准生产、建设相同的产品、工程，是以制定和贯彻技术标准为主要内容的全部活动过程。[2] 标准化包含以下三项内容：一是技术标准的制定，即提出创意，研发创意，将研发技术成果上升为技术指标和规格后确定为技术标准；二是实施和应用技术标准；三是修订及再实施和应用技术标准。可见，技术标准化是制定、发布及贯彻执行统一技术标准的整个活动过程，是在科学技术、经济贸易及管理等社会实践活动中，通过制定实施技术标准，达成对重复性事项的统一，以获得最佳效益和最佳秩序的过程。

（二）技术标准化的作用

现代化生产条件下，技术标准化的好处极多，其积极作用也得到了充分展现。

第一，产品质量的提高、生产过程的改进、服务适用性的提高、先进技术的使用、技术壁垒的防止，在一定程度上得益于技术标准化。因为标准化是为了促进最佳的经济效益，适当考虑产品的安全要求与使用条件，以科技与实践成果为依据，制定和执行技术标准。[3] 也就是说，技术标准化这一动态过程，统一、明确、公开了产品的加工过程与要求、制造与服务方法等技术规范或指标。相关企业对技术标准的遵守及参考，会促进产品和技术持续更新换代。总之，技术标准化对于推广应用先进技术，批量

---

[1] 张平．冲突与共赢：技术标准中的私权保护［M］．北京：北京大学出版社，2011：2.

[2] 李春田．标准化是一项科学活动［M］．北京：中国标准出版社，2000：41－88.

[3] 桑德斯．标准化的目的与原理［M］．中国科学技术情报所，译．北京：科学技术文献出版社，1974：2.

制造产品，维系社会分工秩序起着积极的作用。

第二，技术标准化对推动我国技术进步及产业升级，提高我国产品与服务质量作用积极。在不同国家，标准化工作的差异客观存在，尽管它们已然规范了企业管理，促进了国家经济发展。以中美为例，美国的标准化活动倡导“市场驱动”理念，标准化过程面向全球，标准化的经费来源于民间。中国的标准化活动遵循“政府驱动”理念，标准化过程着眼本国，标准化活动经费主要来源于政府。[1] 笔者认为，在“中国制造”向“中国创造”转变之战略背景下，我国标准化工作有必要重视技术标准制定中的国际化、市场化，保证我国标准化工作与全球经济发展要求相适应，为我国产业升级及企业发展与竞争做好服务，尤其是借鉴以美国为代表的发达国家的不同经验。

（三）技术标准化的发展嬗变

技术标准化最早可以追溯到几千年前的新石器时代。人类在社会生产活动中，自觉不自觉地将共性的东西升华为统一的规则，这是原始萌芽状态的标准。[2] 随着社会分工的加剧，人类开始有意识地制定标准。在原始社会，当农业与畜牧业分离，交换成为人们日常生活的必需，在公平等价的基本交换法则被确立后，统一的计量单位和器具标准成为现实需要。当手工业从农业中分离，生产工具的统一化与标准化更是成为提高生产效率的关键。我国宋代发明的活字印刷术就是古代技术标准化的典范。18世纪蒸汽机的出现，让工业生产发生了质的变革，机器化大生产

---

[1] 薛采智. 中美两国标准化的差异［J］. 中国技术监督，2011（4）：52-53.

[2] 国家标准化管理委员会. 国际标准化教程［M］. 北京：中国标准出版社，2004：1.

逐渐替代了家庭式手工作坊，协作更为广泛。[1] 技术标准化活动对于提高企业生产效率、降低商品交易壁垒、合理配置资源越来越重要，工业标准化体系逐渐以民主协商的方式形成并得到推广。1886 年 9 月，德国教授约翰·鲍生格倡导召开了第一次国际标准化会议，来自欧洲和北美 10 个国家的代表在德国参会，创立了国际材料试验协会，讨论了制定统一的材料试验标准。会议以“采取一种新的形式进行工作，以满足国际上科学、技术、工业和贸易发展的需要”为宗旨，被公认是国际技术标准化历史上的重大创举，开创了国际技术标准化活动的先河。[2] 自此，人类标准化活动进入了国际标准化这一更高层次，影响并推动着生产的发展和科技的进步。

20 世纪 60 年代以来，经济全球化深刻影响着人类的生产和生活。信息技术革命促使通信、电子、计算机等高科技行业产业化，生产一件产品常涉及若干行业和企业，单个标准已无法满足技术协作要求，技术标准化不仅要适应产品多样化需求，还要满足产品组合化、产品接口标准化的特性。[3] 近年来，通信、软件等领域的最先进技术几乎完全被专利覆盖。自此，技术标准化发生了重大变化。以互联网工程任务组（IETF）[4] 为例，此前认为“技术标准应当尽量采用非专利技术，因为标准的推广运用可能因专利权许可问题而受到消极影响，与 IETF 的目标不符”[5]。但

---

[1] 邝兵．标准化战略的理论与实践研究［M］．武汉：武汉大学出版社，2011：53.

[2] 国家标准化管理委员会．国际标准化教程［M］．北京：中国标准出版社，2004：2.

[3] 李春田．标准化概论［M］．5 版．北京：中国人民大学出版社，2010：7.

[4] 互联网工程任务组，英文名称 Internet Engineering Task Force，成立于 1985 年，是互联网领域的技术标准化组织，在全球最具权威，主要负责研发和制定国际互联网技术标准，制定了该领域的大多技术标准。

[5] 董颖．数字空间的反共用问题［J］．电子知识产权，2001（12）：39.

是，当专利成为技术标准必不可少的解决方案，没有专利的技术标准是不完备的方案，专利进入技术标准就成为必然。IETF 已经调整其专利政策，允许技术标准纳入专利，当然，专利权人需作出公平合理无歧视承诺。

值得一提的是，技术标准化遭到了事实标准的挑战。在竞争市场，含一系列产品规格或技术规范的产品或方法获得了市场份额，受到了消费者的认可，该套规格在客观上就成为事实标准。❶ 由作为技术标准提供者的产品或服务厂商主导，产生这种选择结果，也为事实标准。❷ 事实标准非经标准组织统一协商而形成，是市场或消费者选择的结果，虽没有经过权威机构的认定，却有着强大的生命力。

可见，技术标准化经历了从自发到人为、从企业到行业、从国内到国际的发展过程。社会分工、技术革新及社会生产力的发展，催生了技术标准。在科技发展进程中，技术标准化进程随社会生产力的发展而不断深化，促进了生产力的发展。此外，技术标准化的内涵外延在不断变化，最初只为满足人类商品交换，仅作为度量工具，如今已成为企业、国家控制某项技术乃至产业的重要战略。可以说，技术标准化是人类社会发展的必然产物，其发展过程承载着人类科技发展和社会进步的历程。

---

❶ International Standards, Conformity Assessment, U. S. Trade Policy Project Committee, et al. Standards, Conformity Assessment and Trade into the 21st Century [M]. Washington: National Academies Press, 1995: 205.

❷ 毛丰付. 标准竞争与竞争政策——以 ICT 产业为例 [M]. 上海：上海三联书店，2007：44.

三、专利与技术标准的结合

技术标准与专利的结合最早出现在信息产业事实标准中，是科技进步及社会发展的必然结果。[1] 其实，二者结合在国际上由来已久，在国内则刚起步。当然，二者结合有其内在动因，结合后对技术进步、市场竞争等产生了较大影响。如今，企业乃至国家将专利融入技术标准作为参与全球竞争的战略与手段，借助技术标准的推广实施获取市场支配地位，实现企业利益最大化及国家持久竞争力。

（一）专利与技术标准结合的动因

知识经济时代，专利与技术标准相结合已经成为普遍现象，主要缘由如下。

第一，技术标准与专利本质上都属于技术方案。技术方案是对待要解决的技术问题采取的技术措施。技术标准以技术要求和技术特征为主要内容，专利是产品、方法或对其改进的新的技术方案。比较来说，技术标准对技术方案中技术的新颖性要求较低，包括新旧技术方案；专利技术必须是新的技术方案。其实，解决同一问题的技术方案发生重合是必然的，当某技术方案同属于技术标准与专利，技术标准与专利就结合了。

第二，技术标准与专利客观上相互依赖，互相成就。技术在知识经济社会凸显越来越重要的作用。以往，制定技术标准通常

---

[1] 美国微软公司的 Windows 操作系统及英特尔公司的微处理器，因使用而得到全世界消费者的公认，美国学者称之为“Win－Tel 事实标准”，是标准与专利融合的最初典型形态。拥有“事实标准”的企业在全国乃至全球范围内享有技术权威，占有市场支配地位，其他企业只能按照其标准、使用其专利技术进行生产。

会回避具有独占性的专利技术，技术标准与专利不具备天然的关联。然而，在知识经济时代，先进技术大多属于专利技术，几乎所有的技术研发者都重视专利申请，利用专利制度保护创新成果。以美国为例，仅从专利授权的数量来看，自 1930 年到 1980 年，每年增长率小于 1%，但自 1983 年到 2002 年，每年增长率约为 6%，专利授权量从 62 000 件增长到 177 000 件。[1] 从 2003 年到 2016 年，专利授权量从 186 928 件增长到 303 051 件。中国的专利授权量增速较美国更为惊人，从 2003 年到 2016 年，专利授权量从 182 226 增长到 1 753 763 件。[2] 实践中，先进技术往往含有专利技术，其商业化需以相关专利权人的授权为前提，否则极可能出现专利侵权诉讼。[3] 可以说，现代技术标准已经不可能再回避专利技术，技术标准与专利相结合成为必然，尤其是在移动通信、半导体等产业。根据相关研究数据，过去 20 年间，具有累积性创新特点的产业因为全球移动通信系统 GSM、4G 无线宽带技术 LTE、3G 蜂窝无线系统 UMTS、无线局域网技术 Wi - Fi 等大的标准项目的推动，增长了一万个标准必要专利，八百个标准必要专利权利人。[4] 简言之，技术标准需要利用先进技术尤其是专利技术来提高产品质量，专利需要进入技术标准以实现其

---

[1] 亚当・杰夫，乔希・勒纳．创新及其不满：专利体系对创新与进步的危害及对策［M］．罗建平，兰花，译．北京：中国人民大学出版社，2007：11．

[2] 国家知识产权局公报，http：//www. sipo. gov. cn/gk/。

[3] SHAPIRO C. Navigating the Patent Thicket：Cross Licenses，Patent Pools，and Standard Setting［J］. Innovation Policy and the Economy，2000（1）：119 - 150.

[4] BLIND K，POHLMANN T. Trends In the Interplay of IPR and Standards，FRAND Commitments and SEP Litigation［EB/OL］.（2017 - 04 - 06）［2021 - 12 - 13］. https：//www. iplytics. com/wp - content/uploads/2017/04/Blind_Pohlmann_IPlytics_2013_Trends - In - The - Interplay - Of - IPR - And - Standards. pdf.

价值的最大化。[1] 可见，技术标准与专利相结合已经无可避免，尤其是在高科技领域。

此外，技术标准与专利都存在自身缺陷，二者结合有利于弥补彼此的不足。通常，技术标准的制定滞后于技术发展，专利融入技术标准有利于提升技术标准的先进性，克服其滞后性。专利具有地域性，标准全球化背景下，融入技术标准尤其是国际技术标准的专利，不须多国申请获权也可通过技术标准的推广实施获得市场支配地位，从而突破专利的地域限制。客观地说，技术标准与专利相结合，利于前者的推广实施及后者的经济价值实现，人为地避免技术标准与专利相结合不科学，也不可取。

第三，技术标准与专利上都尊重私权。技术标准虽具有公共属性，但以促进技术进步及增加社会福祉为目的。其实，只有尊重专利私权，方可能实现其社会公共利益目标。在技术标准制定过程中，无论是强制性标准还是推荐性标准，应当经全体成员协商一致以保证实施，因为技术标准化的效果需要通过技术标准的实施来显现，硬性出台而不被实施的技术标准毫无价值可言。协商以对私权的尊重为基础，标准组织需要考虑全体参与者的利益诉求，尤其需要尊重专利权人拥有的法定专利私权。专利的私权属性无须赘言，专利权是在商品经济条件下因技术发展而产生的新型财产形式。[2] 在技术标准化领域，同样不允许非法干涉和剥夺专利权人享有的私权，即便是涉及健康的强制性法定标准，也不允许随意剥夺和限制专利权。例如，全球移动通信系统 GSM

---

[1] 丁蔚. Rambus 专利侵权诉讼与标准中知识产权的管理 [J]. 电子知识产权，2007 (2): 45 - 48.

[2] 吴汉东. 知识产权基本问题研究（总论）[M]. 2 版. 北京：中国人民大学出版社，2009: 9 - 11.

标准化进程曾因摩托罗拉公司等核心专利权人的集体反对而无法实施，标准组织经多次与专利权人协商后作出让步，专利权人自由决定是否许可的权利得以保留。[1] 该案是专利私权在技术标准化过程中得到应有尊重的典范。

第四，知识产业化及标准战略全球化为技术标准与专利相结合提供了外部环境。知识产业以专利产业化为特征，以技术标准集成度极高的新技术产业为代表。专利凭其经济价值在高新技术企业占有重要资产份额，是企业竞争和盈利的重要武器。竞争让企业明白，专利创造、运用及保护是企业的生存之道。经济全球化背景下，知识产业的快速发展加剧了产品的国际竞争，提高了专利技术的产业化速度，为技术标准与专利的结合创造了条件。主要发达国家实施的技术标准化战略，引发全球范围内以经济为中心、以科技为先导的综合国力竞争不断升级。经济及科技实力影响着国家的安全和发展，决定着国家在全球竞争中的地位和利益，新技术是企业乃至国家抢占经济制高点的有力武器。为此，以美国、德国、日本为代表的发达国家开始制定和实施科技发展战略。各国政府重视专利标准化战略的实施，帮助企业获取竞争优势地位。当然，发达国家的技术标准全球化战略是为了巩固和加强自己在世界竞争格局中的优势地位，但客观来说，也对技术标准与专利的结合起到了极大的推动作用。

当社会经济、科技的发展演变出技术标准化这种新形式时，法律应当顺势而为，接受并规范它。正如马克思所言，每当工业和商业的发展创造出新的交往形式，法便不得不承认它们是获得

---

[1] 张平，马骁．标准化与知识产权战略［M］．北京：知识产权出版社，2005：39－41．

财产的新方式。[1] 毕竟，在知识经济时代，技术标准与专利结合是由社会发展客观需要决定的。对专利权人来说，专利融入技术标准有利于专利技术的转化，实现专利的经济价值；对标准制定者来说，技术标准中纳入专利有利于提高技术标准的质量，促进技术标准的推广实施；对技术标准实施者来说，符合专利技术标准的产品质量更高，更易被消费者接受和购买；对国家来说，将具有垄断属性的专利融入具有公共属性的技术标准，有利于提高产业整体水平，增强国家竞争力。当然，专利与技术标准相结合，必然会影响国家、标准持有者及实施者、专利权人及消费者之间的关系，出现新的利益纠纷。法律制度作为调整社会关系的主要工具，应当为化解相关主体间的利益纠纷而及时作出调整，以应对世界经济发展新动向"技术专利化、专利标准化、标准全球化"中的各种问题。

（二）专利与技术标准结合的方式

技术标准与专利一般以以下三种基本方式相结合。一是技术标准规定了产品的功能或技术指标要求，专利是实现技术标准要求的具体技术方案。从表面看，技术标准中所记载的技术要素内容与专利权利要求不发生重叠，但是该技术标准的实现需要以专利的应用为技术支撑。[2] 二是技术标准的部分内容涉及产品的某些功能或技术指标要求，专利是实现技术标准各项要求的具体技术方案。从表面看，技术标准中所记载的技术要素内容与专利权

---

[1] 弗里德里希·恩格斯，卡尔·马克思. 马克思恩格斯全集（第三卷）[M]. 中共中央马克思恩格斯列宁斯大林著作编译局，译. 北京：人民出版社，1960：72.

[2] 张平，赵启杉. 冲突与共赢：技术标准中的私权保护 [M]. 北京：北京大学出版社，2011：6－8.

利要求有部分发生重叠，但某些专利的使用可能是实施该技术标准时无法回避的。例如，ISO/IEC 16448：1999 的技术标准，规定了产品的物理特性、检测方式数据、记载位置等，与专利权利要求部分发生重叠，专利是技术标准的重要支撑，此类技术标准多出现在通信及计算机技术领域。三是技术标准包含某项专利技术方案，技术标准中部分技术要素与专利技术方案完全重叠，如制作某产品的工艺流程等，此类技术标准多出现在建筑施工方法及环保领域。❶

专利与技术标准的结合，常常是技术标准吸纳专利技术方案，汇总技术需要达到的各项指标，成为综合性的带有技术功能的技术方案。❷ 技术标准中的专利权人往往通过推广实施标准，在全球范围内实施专利技术许可战略。

（三）专利与技术标准结合的效果

专利与技术标准结合后，技术标准的制定及推广实施与专利权有着密切联系，将对专利及技术标准本身产生积极与消极影响。

第一，专利技术标准化利于技术标准竞争力的提升及专利价值的实现。传统技术标准化活动中，标准组织往往回避技术标准与专利权之间的冲突，企业在技术标准制定过程中处于被动地位。然而，现代技术标准化过程中，专利进入技术标准已逐渐被各大标准组织接纳，并利用知识产权政策对其进行规范。调查显

---

❶ 张平，马骁. 标准化与知识产权战略［M］. 北京：知识产权出版社，2005：43－44.

❷ 马骁. 涉及技术标准与知识产权关系的几个典型案例剖析［M］//张平. 北大网络法律评论（第3卷）. 北京：法律出版社，2003：32.

示，目前主要标准化组织都制定了知识产权政策。[1] 基于专利进入技术标准后会给企业带来竞争优势，企业自然会竭力促使技术标准覆盖专利，利用专利权达成控制技术标准乃至消费市场的目的，获得巨额利润。当企业争相参与融专利入技术标准时，围绕技术标准的专利竞争展开，相对先进、科学和成熟的专利更容易在竞争中获胜，这对于提升消费者的福祉无疑是有益的。在技术标准化形态下，融入技术标准的专利，其经济价值更容易借助标准的市场控制力得到实现。在国际标准层面，根据《TBT 协议》的规定，世界贸易组织成员在制定、采用和实施技术标准时，有义务采用国际标准，无疑为进入技术标准的专利实现经济价值创造了条件。

第二，专利技术标准化可能助长的专利权滥用及对技术标准实施阻碍。一是技术标准中的专利权人极易借助技术标准的市场锁定效应所带来的市场竞争优势地位，实施固定价格、搭售等常见行为，以及联合抵制新技术、不履行披露义务、向标准实施者滥发警告信等可能扰乱市场秩序的新行为。例如，2003 年思科系统公司诉华为公司侵犯路由器等专利权，就是以侵犯网络通信技术标准为由打击竞争对手的典型案例，华为公司被迫撤出在美国市场的有关产品。[2] 滥用融入技术标准的专利权获取成倍收益当然会阻碍技术标准的推广和实施。二是推广实施融入专利的技术标准需要付出更多成本。以往，无偿使用技术标准无须直接缴

---

[1] LEMLEY M A. Intellectual Property Rights and Standard – Setting Organization [J]. California Law Review, 2002: 1904.

[2] 丘慧慧，李明顺. 思科华为斡旋庭外和解“私有协议”引发争端 [J]. 投资与合作，2003 (3): 53 – 54.

纳专利使用费[1]；如今，技术标准与专利的结合使技术标准的制定和实施较以往更为复杂，不仅需要标准组织制定专利政策，专利权人作出公平合理无歧视承诺，还需要标准实施者先获得许可授权，再使用技术标准。

无论如何，即使标准组织更加偏好的并非专利技术，但当专利必不可少时，应当被纳入技术标准。[2] 当专利技术标准化成为常态，前述影响将变得更为深远。

第二节 标准必要专利及其认定

一、技术标准中的必要专利

融入技术标准的专利，必须与技术标准针对的产品或方法有直接联系，没有其他非专利技术方案可供选择。[3] 也就是说，只有被确定为必要技术方案的专利，构成技术标准的核心或基础，方有可能融入技术标准，如高通公司创制的3G技术标准，就是以CDMA专利为核心技术。实施融入了专利的技术标准，必须要利用其中的专利，此种专利就是必要专利。实践中，有无可替代技术是判断必要专利的主要因素，它包括两种情况：一是仅从技术因素来看，根本不存在其他可供选择的、用来实施标准的技术

[1] 蒋坡. 论技术标准与专利技术之融合与冲突［J］. 政治与法律，2008（8）：102.

[2] LEMLEY M A. Intellectual Property Rights and Standard - Setting Organization [J]. California Law Review，2002：1894.

[3] ANTHONY S F. Anthony. Antitrust and Intellectual Property Law：From Adversaries to Partners [J]. AIPLA Quarterly Journal，2000，28（1）：9 - 12.

方案，若实施技术标准，无法绕开专利技术；二是从技术及商业因素来看，技术上有其他技术方案可供选择以实施技术标准，但是此种替代技术的实施成本高于使用技术标准中的专利技术，再加之标准具有兼容等优越性，使用替代技术在商业上行不通，技术实施者宁愿支付专利许可使用费使用技术标准中的专利技术，也不选择使用替代技术。一般来说，商业因素受到标准实施者具体情况的影响，因此，对必要专利的考量应坚持技术因素唯一准则。

技术标准的实施常常只涉及一项或几项专利权利要求，未必会涉及某项专利的全部保护范围。因此，必要专利又被称为“必要专利权利要求”，以排除非实施技术标准所必须涉及的专利权利要求，即使它们是融入技术标准的专利技术组成部分。对此，不同标准化组织制定了具体知识产权政策。欧洲电信标准协会（ETSI）规定“必要”是基于技术因素的考量，且应结合技术标准化及技术实践时的技术发展水平等因素，不考量商业因素。❶该协会拥有多项核心专利，构成了技术标准的核心。实施技术标准，当制造、销售、修理符合技术标准的产品或使用符合技术标准的方法时，不可能不侵犯专利权。电气电子工程师学会（IEEE）则规定，必要专利权利要求指没有其他技术或商业上可

---

❶ ESSENTIAL as applied to IPR means that it is not possible on technical (but not commercial) grounds, taking into account normal technical practice and the state of the art generally available at the time of standardization, to make, sell, lease, otherwisedispose of, repair, use or operate EQUIPMENT or METHODS which comply with a STANDARD without infringing that IPR.

行的非侵权替代技术方案。[1]

标准必要专利被称作最具有价值的专利，全球范围内影响最大的专利许可交易大多是围绕标准必要专利展开的，交易标的额常高于千万元。标准必要专利的价值就是通过对产品制造市场和产品消费市场的控制而实现的。具体说来，就是具有私权属性的专利进入具有公共属性的技术标准，借助技术标准的力量得到最大程度的推广与实施，实现专利的经济价值。[2] 正因如此，业界流传“三流的企业卖产品，二流的企业卖技术，一流的企业卖技术标准”。

高通公司 3G/4G 技术标准中的核心专利码分多址（CDMA）[3]可帮助我们了解标准必要专利的价值。众所周知，通信领域的所有技术标准都无法绕开高通公司，全球多家设备厂商与高通公司签订了专利许可协议，如苹果、三星、华为、OPPO 等知名厂商均在其列，其中，中国公司就超过 200 家。据悉，市场上出售每整台基于 CDMA 的设备，都要向高通公司缴纳技术标准专利许可使用费，数额高达整台手机专利使用费的一半。毕竟，通过授权许可获得专利使用权的需求越大，专利价值越能充分实现。高通公司因此被称为专利专卖店。具言之，高通公司以标准必要专利为依托，收取专利技术使用及升级费，获取的行业利润全球第一。高通公司依靠技术标准盈利，成为时代的引擎和行业的典

---

[1] There was no commercially and technically feasible non - infringing alternative implementation method for such mandatory or optional portion of the normative clause. See IEEE. IEEE - SA Standards Board Bylaws.

[2] 王俊秀，刘双桂，齐欧. 新全球主义：中国高科技标准战略研究报告［EB/OL］.(2017 - 10 - 15)［2017 - 12 - 13］. http：//web. cenet. org. cn/upfile/60596. doc.

[3] 具体包括 CDMA2000、宽带码多分址（WCDMA）和 TD - SCDMA。

范，激发了数额可观的移动互联网大市场，成为“高通模式”。可以说，高通公司成功解读了实现标准必要专利经济价值的途径，那就是制定并输出通信技术标准，凭借其市场占有率产生巨额商业价值，通过收取专利使用费获利。[1]

可以发现，高通公司作为世界名企，深谙“专利为王”之道。其实，高通公司甚至没有工厂，专利技术是公司的核心资产和主要利润来源，仅依靠专利尤其是标准必要专利授权，就跻身于世界500强企业。据报道，矗立在高通公司总部的专利墙在业内闻名遐迩，专利墙牌匾上记载的专利只是高通公司拥有的几万项专利的冰山一角。[2]

二、标准必要专利的认定

辨识标准必要专利的真伪，对于改变标准实施者在技术标准许可谈判及诉讼中的被动地位，更好地解决标准必要专利许可纠纷意义重大。毕竟，当事人声称的标准必要专利，未必属于真正的标准必要专利。当然，一项专利是否为标准必要专利，并不是非黑即白，需要全面考虑。

（一）认定技术标准中必要专利的维度

认定标准必要专利，可以从稳定性、对应性、必要性等维度着手。

---

[1] 汪新波. “高通模式”的本质［EB/OL］.（2013－03－13）［2017－10－17］. http：//blog. sina. com. cn/s/blog_59da50e70102e2z1. html.

[2] 孙琎. 高通卖专利起家终成3G时代霸主［EB/OL］.（2007－05－05）［2017－08－13］. https：//www. dedecms. com/web－manage/yejiedongtai/20070505/38742. html.

第一，进入技术标准的必要专利所载明的“权利要求”具有稳定性，即标准必要专利所属的专利权是合法有效的，在专利运营中经得起专利无效之考验。具体说来，就是专利在有效期内，在授权地域范围内，不属于无效宣告的任何情形。其中，在有效期内是因为专利只在一定期限内有效，当专利权保护期限届满，其中的权利要求不再符合“必要专利权利要求”；在授权地地域范围内是因为专利权只在一定地域范围内有效，实践中，绝大多数专利并非在世界上的所有国家都受到保护，只有在某国或某地区获得专利授权，其中的权利要求才可能成为“必要专利权利要求”；专利无效宣告还有不符合新颖性、创造性及实用性规定等情形。当专利被无效时，标准必要专利也就失去了存在的基础。因此，不在专利保护期限内、在专利授权地域之外或被宣告无效的专利，不是标准必要专利。

第二，专利与技术标准具有对应性。对应性是指专利技术方案与技术标准中技术方案之间的对应关系。专利技术成为标准必要专利的前提是专利权利要求被写入了技术标准，侵害标准必要专利权的前提是专利权利要求中的技术方案与技术标准中的技术方案相对应。简单说来，对应性分析是对技术标准中的技术方案是否落入专利权利要求的保护范围进行判断，即对确定的技术标准中的具体技术方案与专利权利要求的对比。为得出准确的对比结论，需要逐项分解专利权利要求。其中，方法类专利按步骤分解，产品类专利按部件特征和连接关系分解。一般说来，对应指的是一一对应，不是几项专利技术特征的组合与标准中的技术特征对应。通常，对应性分析有强对应、弱对应及不对应三种结论。具有强对应关系的标准必要专利价值巨大，有利于提升标准必要专利权人在专利许可谈判及诉讼中的强势地位；具有不对应关系的标准必要专利价值较弱，需要进一步证明符合技术标准的产品落入标准必要专利权利要求保护范围；具有弱对应关系的标准必要专利价值不确定，需辅助其他证据进一步分析确定。

第三，专利进入技术标准具有必要性。所谓必要性是考察技术标准中的专利技术方案属于必须使用、推荐使用、选择使用、部分推荐使用四种类型中的哪一种，分析符合技术标准的产品是否有可能采用的是非技术标准方案。必须使用在技术标准中通常用肯定语气“shall”或“must”来表述，就是生产符合某技术标准的产品必须使用标准中的技术措施，否则产品就不符合技术标准。此时，专利技术方案进入技术标准具有必要性。其余三种情况下，因替代技术方案的存在，专利技术方案进入技术标准不具有必要性。

其中，替代技术方案的可行性分析是必要性分析的重要环节。一般情况下，替代技术方案在技术上是否可行，常常受技术标准方案的弊端、能达到同样效果的现有类似技术措施、技术标准的演进方向影响；替代技术方案与标准系统是否融合，常常由技术标准系统中的输入输出接口、功能性能匹配度决定；替代技术方案是否具有商业价值，与经济、技术难易度、用工成本等相关联；替代技术方案与标准必要专利是否具有差异性，常常是确定侵权与否的关键因素。我国 2015 年高通反垄断调查案处罚决定书就是从需求替代和供给替代两个角度对 CDMA、WCDMA 及长期演进（LTE）的不可替代性进行了分析。从需求替代来看，纳入无线技术标准的每一项标准必要专利，都是无线通信终端产品制造商必须使用的专利技术，否则，就会导致所生产的无线通信终端产品因为不符合技术标准而不满足市场需求；从供给替代来看，被无线通信技术标准采纳实施的标准必要专利具有唯一性，不存在替代性供给。[1]

值得一提的是，即使某项专利被认定为标准必要专利，在实践中是否构成侵犯标准必要专利的行为，还需结合不同国家的专利法。例如，在澳大利亚、日本的专利法中规定了出租权[2]，我国专利法未规定该项权能。换句话说，出租技术标准产品的行为，在日本、澳大利亚属于实施他人专利的行为，在我国却不属于。技术标准组织对“实施”的界定同样存在较大差别。[3] 例如，ETSI 的专利政策指出，实施即依照 ETSI 标准制造、出售、出租或处置、修理、操作相应设备或使用方法的行为。[4] 可以说，技术标准中的某项专利权利要求，能否作为标准必要专利权利要求得到保护，因不同地域的专利法对专利权内容的规定存有差异而不同。在不同国家实施技术标准的行为，从法律角度评判是否侵犯标准必要专利权，其结果也不相同。

（二）技术标准中必要专利认定的方式

技术标准中必要专利的认定方式主要有两种：一是专利权人及专利许可组织对标准必要专利的主动认定，其最大缺陷在于，无法确保认定结果的公平和公正；二是法院对某涉案专利是否属于标准必要专利进行司法审查，即法院对标准必要专利的被动认

---

[1] 中华人民共和国国家发展和改革委员会行政处罚决定书，发改办价监处罚〔2015〕1号。

[2] 胡开忠. 知识产权法比较研究［M］. 北京：中国人民公安大学出版社，2004：324.

[3] DMTF. DMTF Patent and Technology Policy［EB/OL］.（2001-10-17）［2022-07-23］. https://www.dmtf.org/sites/default/files/patent-10-18-01.pdf.

[4] ETSI. Guide on Intellectual Property Rights［EB/OL］.（2021-06-10）［2022-06-22］. https://www.etsi.org/images/files/IPR/etsi-guide-on-ipr.pdf.

定，其认定结果相对公平公正，但认定标准必要专利并不是法院的专长。❶ 可见，专利权人及法院可能成为认定标准必要专利的主体。在标准必要专利许可纠纷中，由专利权人单方认定的必要专利权利要求是否属于标准必要专利，常在专利许可当事人之间产生分歧并诉至法院。此外，标准化组织虽然是制定技术标准的组织者，但不对标准必要专利作出认定。

本章小结

今天，人们能够在世界各地打电话，在商场里连接 Wi－Fi，都应该感谢技术标准组织，因为它们制定了确保不同厂家生产的不同产品得以协调运行的统一技术规格。❷ 其实，不仅是消费者，专利权人、标准实施者乃至所有的社会成员都受益于技术标准化。因为技术标准化鼓励竞争，降低市场进入壁垒，鼓励设备制造商生产兼容产品，提高了生产效率，为消费者提供了更多、更好的选择。而且，当技术标准中纳入了专利，专利权人所处的优势地位将更加明显和突出。

---

❶ TREACY P，LAWRANCE S. FRANDly fire：Are Industry Standards doing more Harm than Good? [J]. Journal of Intellectual Property Law & Practice，2008，3（1）：23.

❷ LEMLEY M A. Intellectual Property Rights and Standard－Setting Organization [J]. California Law Review，2002，90（6）：1889.

第三章

标准必要专利许可使用应遵循的法律原则

社会公共利益的维护需要严格的专利许可政策。在技术标准无法规避专利的时代，专利和技术标准的内在冲突尤为激烈，标准组织应当制定合适的专利许可政策，公平合理无歧视原则即是其中之一。近年来，公平合理无歧视原则被写进少数国家的政策或法律，成为标准必要专利许可使用应当遵循的法律原则。然而，尽管公平合理无歧视原则对标准必要专利许可使用作用重大，但技术标准组织乃至各国政策法律并没有明确公平合理无歧视原则的内涵，甚至公平合理无歧视原则的法律性质尚存在较大争议。

第一节　公平合理无歧视原则的确立

标准必要专利权人极易因为技术标准的网络效应实施专利劫持行为，为了规避专利劫持所带来的巨大危害，确保技术标准实施或潜在实施者能够获得专利许可使用授权，技术标准组织制定了知识产权政策，要求其会员必须履行下列一项或两项义务。一是披露对实施技术标准来说至关重要的专利；二是承诺按照公平合理无歧视条件许可技术标准中的必要专利。

一、技术标准组织专利政策确立了公平合理无歧视原则

（一）公平合理无歧视原则的确立

标准必要专利中的公平合理无歧视原则最初来源于且主要体现为技术标准组织的专利政策。早在 1932 年，美国标准协会就允许标准组织将专利纳入技术标准。其实，正如避免垄断倾向一样，标准组织早已充分认识到标准必要专利权人可以通过技术标准化获得垄断力量，标准必要专利许可政策对技术标准的贡献者、实施者及社会公众之间利益分配的优劣，影响技术标准自身的存在和发展。从第二次世界大战到 20 世纪 70 年代，美国法院判决了超过一百件专利垄断案件，要求专利权人在公平、合理、无歧视的基础上许可专利。[1] 直到 1956 年，在政府发起的大规模反托拉斯诉讼中，产生了第一个和解协议，美国标准协会开始考虑，是否应当制定正式的标准必要专利许可政策。1959 年，协会正式通过标准必要专利许可政策，认同美国国家技术标准纳入专利，但是，标准必要专利权人应当以“合理条款”向标准实施者许可相关专利。公平合理无歧视原则得以正式在技术标准组织中确立。

此后，公平合理无歧视原则在全球各大技术标准组织中得到了长足发展。虽然美国标准协会不是一个国际标准组织，但它在国际标准化组织等国际标准组织中代表着国家，而美国技术标准

---

[1] RICHARD A P. A Statistical Study of Antitrust Enforcement [J]. J. L. & ECON., 1970 (13): 365 -419.

领域走在世界前列。实践中，标准组织的专利许可政策在过去多年不断发生变化，技术标准中的必要专利许可主要以免费许可、公平合理无歧视许可、固定价格许可等几种模式存在。[1] 如今，所有美国国家标准协会（ANSI）认可的标准组织，要求其会员必须不低于公平合理无歧视的条件许可其持有的标准必要专利；在欧洲，大约68%的标准组织会员承诺按公平合理无歧视条款许可，另有32%的标准组织会员未具体承诺其专利许可条件。[2] 可以说，公平合理无歧视原则不仅是技术标准组织及其成员必须遵守的准则，还是制定国家标准应当遵循的规则，且已被各国适用于处理标准必要专利许可使用纠纷案件。

可见，公平合理无歧视原则源于反垄断案件，但是作为标准必要专利许可使用原则，是由技术标准组织确立的。绝大多数技术标准组织都要求其会员对其可能持有的标准必要专利作出公平合理无歧视许可声明。

例如，国际电信联盟（ITU）是具有最长历史的国际组织之一，其不反对必要专利进入技术标准。其专利政策规定：技术标准中包含的专利，必须对所有人开放，不得设定过多的限制条件；潜在的标准必要专利权人必须作出承诺，愿意在公平、合理、无歧视的基础上，与技术标准实施者协商专利许可使用条款；如果专利权人不愿意遵从公平合理无歧视原则向所有的意向技术标准实施者提供专利许可，那么，技术标准将不会纳入该会

---

[1] 张联珍，部志雄．技术标准中的专利许可模式研究［J］．特区经济，2014（6）：185－186.

[2] 参见《欧洲标准必要专利研究》报告述评，该报告收集、分析了超过20万件标准必要专利权人提交的保证函。

员持有的专利。[1] 也就是说，专利权人愿意与技术标准实施者在公平合理无歧视条款基础上进行标准必要专利许可使用协商，是其专利进入技术标准的前提。

IEEE 不反对必要专利进入技术标准，其注重规范必要专利进入技术标准的程序，不断修改其专利政策，下设专利委员会检查并确认技术标准中使用的专利及相关信息符合专利政策要求。[2] IEEE 的专利政策于 2015 年 3 月进行了最新修改[3]，说明了合理及无歧视的含义，建议了确定合理标准必要专利使用费时应考虑的三个因素，鼓励权利人在专利进入技术标准之前披露将收取的最高专利许可使用费[4]。

ETSI 制定的标准涉及范围较广，在欧洲乃至全球备受瞩目，影响力较大。其专利政策规定，不拒绝将专利纳入技术标准，但标准必要专利权人必须作出公平合理无歧视许可承诺。ETSI 于 2016 年 6 月发出第 36 版指令，要求专利权人以书面形式承诺，愿意作出不可撤销的公平合理无歧视许可声明，放弃拒绝许可。此外，标准必要专利权人之间的许可遵照“互惠”原则，若因

---

[1] ITU. Common Patent Policy for ITU – T/ITU – R/ISO/IEC [EB/OL]. (2014 – 10 – 15) [2021 – 12 – 13]. https: //www. itu. int/en/ITU – T/ipr/Pages/policy. aspx.

[2] IEEE – SA Standards Board Bylaws, IEEE standards may include the known use of essential patents and patent applications provided the IEEE receives assurance from the patent holder or applicant with respect to patents whose infringement is, or in the case of patent applications, potential future infringement the applicant asserts will be, unavoidable in a compliant implementation of either mandatory or optional portions of the standard essential patents.

[3] 康斯坦丁诺·卡拉卡琉斯. 破釜沉舟——IEEE 专利政策的修订 [J]. 中国标准化，2016 (5)：94 – 98.

[4] IEEE 标准协会专利政策有变，强调先声明专利费范围 [EB/OL]. (2016 – 08 – 10) [2021 – 12 – 13]. http: //www. hqew. com/tech/news/213946. html.

公平合理无歧视许可而产生的纠纷协商不成，可以寻求 ETSI 秘书处或其他成员调解。ETSI 不反对事先公开具体许可条款，标准必要专利权人可自愿提交，不因公开不完整而承担法律责任。

（二）技术标准组织公平合理无歧视许可声明文本的基本特点

公平合理无歧视许可承诺或为技术标准组织重要的专利政策，体现了技术标准组织对标准必要专利许可使用问题的重视，以及有效约束标准必要专利权人的可能，为更好地协调技术标准组织、标准必要专利权人及技术标准实施者之间的关系提供了方案。[1] 技术标准组织的许可声明文本具有以下共同特点。

第一，技术标准组织普遍要求专利权人作出公平合理无歧视许可声明。当下，从国际技术标准组织到国内技术标准组织，几乎都出台了以公平合理无歧视许可声明为重要内容的专利政策。不同的技术标准组织要求专利权人作出的公平合理无歧视许可声明文本不完全相同，具体可分为三种形式。一是单纯的公平合理无歧视许可，不附带其他条件，但交叉许可例外，如 ISO、ITU、ANSI 等技术标准组织适用该声明文本；二是公平合理无歧视且免费许可，目前信息编码标准（AVS）、万维网联盟（W3C）等技术标准组织适用该声明文本；三是要求专利权人在技术标准制定前披露该专利，并独立披露授权该潜在标准必要专利的最高价格，当前总体工程（事前程序）标准 VITA、IEEE、ETSI 等技术

---

[1] 赵启杉，黄良才．技术标准中的事先披露原则［J］．电子知识产权，2007（6）：27.

标准组织适用该声明文本。[1]

第二，技术标准组织要求专利权人作出的公平合理无歧视许可声明含义模糊。实践中，绝大多数技术标准组织只要求其会员作出标准必要专利公平合理无歧视许可承诺，但对于公平合理无歧视原则的内涵，即什么是公平、合理、无歧视，却没有更进一步的明确解释。当然，部分标准组织尝试对公平合理无歧视许可作出具体的要求，如披露最高许可费、公开许可协议样本等，这在一定程度上说明，技术标准组织希望其成员作出的公平合理无歧视许可声明，不仅是抽象的原则，更应具有实在的内容。

第三，技术标准组织要求专利权人作出的公平合理无歧视许可声明不可撤销。一般来说，标准必要专利权人作出的公平合理无歧视许可承诺具有永久性。从适用的技术标准来看，公平合理无歧视许可声明适用于拟议中的技术标准，也适用于发生后续修订的技术标准，除非技术标准被撤销，否则标准必要专利权人应当一直履行其公平合理无歧视许可承诺；从适用的主体来看，公平合理无歧视许可声明适用于该标准必要专利的所有权利，包括作出承诺的标准必要专利权人及其受让人。IEEE、VITA、AVS均规定，公平合理无歧视许可承诺不可撤销，目的是防止标准必要专利权人采用欺骗手段促成专利进入技术标准，对其公平合理无歧视许可承诺出尔反尔，以保障公平竞争，维持标准必要专利许可的稳定性，以及技术标准的制定与推广实施秩序。

第四，标准组织一般不参与解决标准必要专利公平合理无歧视许可纠纷。技术标准组织要求标准必要专利权人按照公平合理

---

[1] 张平，赵启杉．冲突与共赢：技术标准中的私权保护［M］．北京：北京大学出版社，2011：60．

无歧视原则给予技术标准实施者专利许可，但对标准必要专利许可中因是否符合公平合理无歧视原则而发生的纠纷，却不介入，也不具体处理。其实，此类许可纠纷发生在专业技术领域，专业人士的协助更利于公平、快速地解决纠纷。然而，技术标准组织虽然汇聚了实力强大的专业技术人员，却在技术标准制定过程中不讨论专利许可条款的具体内容，在技术标准实施过程中不参与当事人之间因专利公平合理无歧视许可而引发的争议，甚至不参与认定某项被争议的专利是否属于标准必要专利。

此外，有学者考察了 40 家技术标准组织的专利许可政策 20 年来（从 1996 年到 2016 年）是如何发展变化的。总的来说，在此期间，绝大多数技术标准组织的专利公平合理无歧视许可政策变得更加严格。其中，只有 4 家技术标准组织采取了较少的限制规则，2 家技术标准组织对部分或所有的标准必要专利采取自由许可政策，2 家技术标准组织引入了强制许可声明要求。[1]

二、部分国家或地区的政策明确了公平合理无歧视原则

各国或各地区为了更好地解决现实中大量出现的标准必要专利许可使用纠纷，规范标准必要专利权人及标准实施者在标准必要许可中的行为，在本国或本地区的政策法律中对公平合理无歧视原则作出规定。本部分选择性地介绍美国、欧洲、日本、中国的相关法律或政策规定。

---

[1] BARON J, PENTHEROUDAKI S C, THUMM N. FRAND Licensing in Theory and Practice: Proposal for A Common Framework [J]. CPI Antitrust Chronicle, 2016 (3): 20-24.

（一）美国

《美国专利法》中没有关于政策原则的具体规定，但美国行政机关出台了相关政策性文件。2013 年 8 月，美国司法部、专利商标局（USPTO）[1] 联合发布了与公平合理无歧视许可原则有关的声明：作出公平合理无歧视许可声明的标准必要专利权人寻求禁令救济，法院或相关执法机关在发布禁令救济时持慎重态度，是正确选择。因为专利权人应当得到合理回报，实现许可收益的根本是排除他人使用专利。如果标准实施者在实施专利时，能够但从没有拒绝接受公平合理无歧视许可，应考虑赔偿金而不是签发禁令救济，以免损害社会公共利益。[2]

2015 年 2 月，美国司法部回答了部分标准必要专利权人关于 IEEE 及其专利政策修正案涉嫌垄断的业务审查请求，发布了一份关于标准必要专利及公平合理无歧视许可原则的重要文件。文件称无意对修正案澄清的禁令救济的可获得性、可允许的交互许可要求、合理专利许可使用费的含义等事项提出挑战，也不评估 IEEE 的专利政策选择是否符合标准组织属性。最终，美国司法部认为没有认定 IEEE 专利政策修正案可能导致对竞争损害的结论。因为标准必要专利许可使用费最终是由双方谈判确定的，专利政策修正案的具体规定与美国法对公平合理无歧视许可声明解释上一致，且标准必要专利权人可自由选择是否作出公平合理

---

[1] 美国商务部下属机构。

[2] 美国司法部和专利商标局关于公平合理无歧视许可原则标准必要专利救济方式的政策声明，United States Department of Justice and United States Patent and Trademark Office（USPTO），Policy Statement On Remedies For Standards - essential Patents Subject To Voluntary F/RAND Commitments，January 8，2013.

无歧视许可声明。[1]

2019 年 12 月，美国三部门重新发布联合政策声明，指出在特定的专利案件中，应依据案件事实及法律适用禁令救济、合理的专利权使用费、利润损失、损害赔偿及美国国际贸易委员会发布的排除令等，不应因标准必要专利而创建一套单独的禁令救济适用规则或框架。[2] 2022 年 6 月，三部门同日宣布撤回了该联合政策声明。[3]

（二）欧洲

欧洲及其成员国专利法中并没有关于公平合理无歧视原则的具体规定，通常利用反垄断及竞争法解决标准必要专利公平合理无歧视许可使用纠纷案件。主要适用的法律为《欧盟运行条约》第 101 条规定，禁止所有可能影响成员国之间的贸易或阻止、限制竞争的协议，尤其是固定价格、垄断市场、歧视性交易等，此等交易或行为自始无效。第 102 条规定，禁止具有市场支配地位者实施不公平交易、损害消费者的限制技术发展行为，或就相同

---

[1] 美国司法部对标准必要专利及 RAND 原则的最新法律意见［EB/OL］.（2015－12－17）［2017－11－16］. http：//bbs. cnipr. com/forum. php? mod = viewthread&tid = 11675.

[2] Policy Statement on Remedies for Standards – essential Patents Subject to Voluntary F/RAND Commitments［EB/OL］.（2019 – 12 – 19）［2022 – 02 – 15］. https：//www. justice. gov/atr/page/file/1228016/download.

[3] 美国司法部、专利局和标准委三部门联合发布：撤回 2019 年 SEP 救济措施政策声明［EB/OL］.（2022 – 06 – 09）［2022 – 06 – 13］. http：//www. iprdaily. cn/article_31436. html.

交易适用不同条件，致交易相对方于不利竞争地位的行为。[1]

2017 年 2 月，欧盟联合研究中心发布了“标准必要专利许可”研究报告，梳理并分析了欧洲及全球法院、反垄断执法机构作出的重大标准必要专利许可纠纷案件，从产业层面出发介绍了标准必要专利许可使用的前景，旨在为阐释公平合理无歧视原则的内涵和确定合理的标准必要专利公平合理无歧视许可使用费提供一致的框架。

2017 年 4 月 1 日，欧盟委员会发布“欧洲数字经济时代的标准必要专利”发展蓝图，委员会提出了三个观点：一是技术标准实施者确认和查实标准必要专利非常困难；二是合理评估标准必要专利的价值也很困难；三是欧洲法院在华为诉中兴案中提供的公平合理无歧视原则执行总体框架，还有很多实践问题有待解决，建议提升披露标准必要专利的透明度，在解决标准必要专利许可领域的争端时应引入法学基本理论。

2017 年 11 月 29 日，欧盟委员会颁布标准必要专利欧盟方案，该方案主要包括以下两个方面：①技术标准实施者可以在透明及可预见的规则下获得标准必要专利使用权；②标准必要专利权人在技术研发和标准化活动中的投资能得到足够的回报。通过以上两个方面以保持技术创新与激励两个目标，建立平衡、高效的标准必要专利制度。[2]

---

[1] Treaty on the Functioning of the European Union [EB/OL]. (2013 - 12 - 19) [2017 - 07 - 16]. https://www.cvce.eu/content/publication/2010/5/3/e49fd232 - e12a - 4a45 - 924e - 1b35b3631f94/publishable_en.pdf.

[2] European Commission. Intellectual property: Protecting Europe's know - how and innovation leadership [EB/OL]. (2017 - 11 - 29) [2022 - 02 - 05]. http://europa.eu/rapid/press - release_IP - 17 - 4942_en.htm.

（三）日本

《日本专利法》中没有关于公平合理无歧视原则的具体规定，通常利用反垄断法解决标准必要专利公平合理无歧视许可纠纷。2016 年 1 月，日本修改了《关于知识产权利用的反垄断指南》。该指南与公平合理无歧视原则相关的条款有：一是明确规定作出公平合理无歧视许可声明的标准必要专利权人，在反垄断法框架下有权基于其持有的专利获得相应的公平合理无歧视许可使用费；二是标准实施者有权依据公平合理无歧视许可声明实施专利技术，因为只有技术标准的推广实施才能带动技术创新及产品投资；三是前述规制对作出公平合理无歧视许可声明的标准必要专利权人及其继受人均具有约束力；四是对于标准必要专利权人的禁令救济请求权，可以依据反垄断指南予以规制。

2017 年 4 月下旬，日本经济产业省提出了应对第四次产业革命的企业知识产权制度运用战略，在应对标准必要专利的相关争议方面，提议修订专利法，引入标准必要专利 ADR（Alternative of Dispute Resolution）[1] 制度，通过行政部门提供适当的标准必要专利公平合理无歧视许可参考费。

2018 年 6 月，日本颁布《标准必要专利许可的善意谈判指南》，后又分别在 2020 年和 2022 年 7 月进行了修改。

（四）中国

我国相关司法解释中有关于公平合理无歧视许可原则的具体

[1] 20 世纪在西方国家逐步发展起来的以仲裁为代表的诉讼外纠纷解决方式，现多指非诉讼纠纷解决机制。

规定如下。第一，2016 年 1 月，最高人民法院颁布了《最高人民法院关于审理侵犯专利权纠纷案件应用法律若干问题的解释(二)》，该司法解释在 2020 年年底得到了修改，修改后的第 24 条第 2 款规定："推荐性国家、行业或者地方标准明示所涉必要专利的信息，专利权人、被诉侵权人协商该专利的实施许可条件时，专利权人故意违反其在标准制定中承诺的公平、合理、无歧视的许可义务，导致无法达成专利实施许可合同，且被诉侵权人在协商中无明显过错的，对于权利人请求停止标准实施行为的主张，人民法院一般不予支持。"该条第 3 款对第 2 款所称实施许可条件进行了解释，即"应当由专利权人、被诉侵权人协商确定。经充分协商，仍无法达成一致的，可以请求人民法院确定。人民法院在确定上述实施许可条件时，应当根据公平、合理、无歧视的原则，综合考虑专利的创新程度及其在标准中的作用、标准所属的技术领域、标准的性质、标准实施的范围和相关的许可条件等因素"。

第二，《国务院反垄断委员会关于知识产权领域的反垄断指南》第 15 条规定：分析经营者是否以不公平的高价许可标准必要专利，可考虑许可费的计算方法及知识产权对相关商品价值的贡献；经营者对知识产权许可作出的承诺；知识产权的许可历史或者可比照的许可费标准；导致不公平高价的许可条件，包括超出知识产权的地域范围或者覆盖的商品范围收取许可费等；在一揽子许可时是否就过期或者无效的知识产权收取许可费之外，还可考虑符合相关标准的商品所承担的整体许可费情况及其对相关产业正常发展的影响。第 27 条规定："拥有市场支配地位的标准必要专利权人通过请求法院或者相关部门作出或者颁发禁止使用相关知识产权的判决、裁定或者决定，迫使被许可人接受其提出的不公平高价许可费或者其他不合理的许可条件，可能排除、限制竞争。具体分析时，可以考虑以下因素：（一）谈判双方在谈判过程中的行为表现及其体现出的真实意愿；（二）相关标准必要专利所负担的有关承诺；（三）谈判双方在谈判过程中所提出的许可条件；（四）请求法院或者相关部门作出或者颁发禁止使用相关知识产权的判决、裁定或者决定对许可谈判的影响；（五）请求法院或者相关部门作出或者颁发禁止使用相关知识产权的判决、裁定或者决定对下游市场竞争和消费者利益的影响。"

第三，北京市高级人民法院《专利侵权判定指南（2017）》也作了相关规定。其中，第 149 条规定与《最高人民法院关于审理侵犯专利权纠纷案件应用法律若干问题的解释（二）》第 24 条第 2 款规定一致。第 152 条规定，标准必要专利许可双方在协商中均没有明显过错，若技术标准实施者及时提供所主张金额或高于主张金额的担保金，法院不支持禁令救济申请。该条还列举了标准必要专利权人可能的故意表现：没有以书面形式通知技术标准实施者侵犯专利权，也没有说明具体的侵犯范围和方式；在技术标准实施者明确表示愿意接受专利许可协商后，没有按惯例提供书面形式的专利信息及具体许可条件；未在符合惯例的期限内答复技术标准实施者；协商过程中无理由中断或阻碍协商，或主张明显不合理的条件导致协议无法达成等。第 153 条规定，标准必要专利权人未履行公平合理无歧视义务，技术标准实施者也存在明显过错的，法院应比较双方的过错程度并确定主要责任方，再决定是否支持禁令救济申请。其中，技术标准实施者的明显过错表现为：收到标准必要专利权人的书面侵权或许可条件后，没有在合理时间内积极答复或提出新的条件；没有正当理由拖延、拒绝、阻碍标准必要专利许可协商；在协商中主张明显不合理的条件导致协议无法达成等。

第二节　公平合理无歧视原则的内涵阐释

公平合理无歧视原则是技术标准组织的知识产权政策，技术标准组织虽然要求潜在的标准必要专利权人作出公平合理无歧视许可承诺，但并未具体界定公平合理无歧视原则的内涵。如IEEE 指出，专利权人提交的公平合理无歧视承诺保证书，是向任何有需要的标准必要专利实施者提供专利许可授权。到目前为止，学界及司法界对于到底何为公平、合理、无歧视，以及什么才是符合公平合理无歧视原则的标准必要专利许可使用费，仍然充满了争议。

因标准必要专利公平合理无歧视许可使用费纠纷而引发的司法诉讼及反垄断执法案件，使公平合理无歧视原则的内涵变得丰富，让公平合理无歧视原则的司法适用变得富有活力。在相关案件司法裁判中，合理主要被法院用于判断实体问题，公平与无歧视则被用于处理程序问题，当然，实体与程序之间并无明显界限，甚至有重叠之处。尽管公平合理无歧视原则并不是一种全新的法律理念，但是，公平合理无歧视原则作为西方法律文化的结晶，在从美国向欧洲、日本乃至中国扩展的过程中，并未受到完全相同的理解和适用。即便如此，公平合理无歧视原则内含的公平、合理、无歧视价值观，对专利制度利益平衡功能的实现仍然起到关键作用。毋庸置疑，准确界定公平合理无歧视原则的内涵和外延，不仅是完善学术理论的需要，更是司法机关及反垄断执法机构裁决标准必要专利公平合理无歧视许可纠纷案件时必须具备的基础。

公平合理无歧视作为标准必要专利许可使用应遵循的基本原则，公平与合理是含义有重合的两个不同概念，有的技术标准组织直接称其为 RAND 原则，即 Reasonable and Non – Discriminatory 的缩写，意思是合理无歧视。实践中，欧洲国家多使用公平合理无歧视，美国多使用合理无歧视。本书中，笔者统一称为公平合理无歧视。

一、公平

古语曰："天公平而无私，故美恶莫不覆；地公平而无私，故小大莫不载。"公平意味着公正而不偏袒，每个参与社会合作的主体，担应当承担的责任，得应当得到的利益。或者说，公平就是社会主体在社会合作中，不少承担责任，不多获取利益。如今，公平是法律追求的基本价值之一，是我国民法的基本原则。只有在符合公平原则时，民事法律行为的内容才对其他当事人发生效力。[1]

在标准必要专利许可使用协商过程，要遵循的"公平"有两层意思：一是标准必要专利权人公平地对待所有技术标准实施者及潜在的技术标准实施者；二是标准必要专利许可双方平等协商，签订公平的专利许可使用协议，达成公平的标准必要专利许可使用费。其中，技术标准实施者得到公平的对待同时是公平合理无歧视原则中无歧视的要求，而双方经平等协商签订公平的协议是公平的重要任务。可见，标准必要专利公平合理无歧视许可

---

[1] 梁慧星．民法总论［M］．3 版．北京：法律出版社，2007：47．

中的“公平”，是在考虑标准必要专利许可使用双方不平等谈判地位的前提下，尽可能实现双方利益的平衡分配。换句话说，公平要求标准必要专利许可使用双方以恰当的方式均衡分配权利义务。

二、合理

合理是针对标准必要专利许可使用费而言的。标准必要专利许可中的“合理”，不仅包括合理的专利许可使用费，还包括对专利许可使用费的合理分配，以及对双方的合理限制。[1] 虽然技术标准组织没有规定具体的符合公平合理无歧视原则的许可使用费，但公平合理无歧视原则在理论上为市场参与者提供了一般水平的专利许可使用费预估，使技术标准实施者相信能够达成合理的标准必要专利许可使用费。

IEEE 指出，合理的专利许可使用费是指技术标准实施者使用必要专利向标准必要专利权人支付的合理专利许可使用费，不包括因专利技术进入标准而产生的溢价。可见，在标准必要专利许可交易中，“合理”一是要求标准必要专利权人不得非正当利用优势地位，二是要求标准必要专利许可使用费与专利价值相当。实践中，确定合理的标准必要专利许可使用费，主要考虑以下因素：一是专利技术方案对标准产品最小可销售单元相关功能的贡献；二是与其他标准必要专利相比，专利技术方案对技术标准的贡献；三是已经达成的标准必要专利许可使用协议条款。

---

[1] SIDAKJ G. The Meaning of FRAND, Part I: Royalties [J]. COMPETITION L. & ECON., 2013 (9): 931－1055.

三、无歧视

无歧视常被称为同等对待，即标准必要专利权人同等对待任何技术标准实施者，不得有歧视行为。因为从本质上说，标准必要专利权人的歧视行为可能会妨碍正常的商品和服务市场竞争秩序。[1] 无歧视应满足两点：一是所有的技术标准实施者都能通过专利许可使用的方式实施专利；二是标准必要专利权人向每一个标准实施者提供内容相同的专利许可交易条款。无须赘言，标准必要专利许可使用费的高低，直接影响着标准实施者的生产成本。在签订标准必要专利许可使用协议及支付专利许可使用费后，再实施技术标准，是技术标准实施者的法定义务。无歧视原则就是为了避免标准必要专利权人利用谈判中的优势地位，区别对待不同的专利被许可人，造成技术标准实施者的商业成本的不对等。正因如此，无歧视原则受到的关注和重视高于公平原则。

质言之，标准必要专利公平合理无歧视许可中的“无歧视”，主要是指在同等条件下的技术标准实施者获得相同的专利许可交易条件。我国法院在判决书中较少论及无歧视原则。其实，无歧视并不意味着在现实交易中，标准必要专利权人在客观上向所有的技术标准实施者提供完全相同的专利许可交易条件。的确，就相同标准必要专利签订完全相同的许可协议，往往不现实，也不合理。毕竟，不同的标准必要专利许可交易一定存在时间和对象的差异。从交易时间来看，技术标准推广实施之初和技

[1] CRANE D A. Patent Pools, RAND Commitments, and the Problematics of Price Discrimination [EB/OL]. (2013-12-28) [2017-07-20]. http://ssrn.com/abstract=1120071.

术标准实施成熟之后的专利许可使用费，不应当也不可能完全相同，标准必要专利权人在不同时段需要达成的目标不同，愿意提供的专利许可使用条件当然也不同。从交易对象来看，不同的技术标准实施者实力不同，对标准必要专利权人的交叉许可等要求的满足度不同，专利交叉许可与专利单向许可本身就存有区别，以此为基础形成的标准必要专利许可协议当然不完全一样。从影响交易的因素来看，标准必要专利许可使用的地域范围、时间区域等因素同样会存在区别。在不同的交易条件下，任何人都没有理由要求签订相同的标准必要专利许可使用协议。所以说，不同的技术标准实施者有不同的需求和实力，即使专利许可使用条件完全相同，也未必符合无歧视的要求。正因为在标准必要专利许可使用中应予以考虑的因素千差万别，因此通过对比来判断是否存在歧视并不可行。总之，公平合理无歧视原则禁止标准必要专利权人拒绝向专利实施者提供许可，允许标准必要专利权人依据不同的产品类别或分销渠道收取不同的专利许可使用费，当然，同一类别或渠道的专利许可使用价格不允许存在差别。

本来，技术标准组织制定的专利政策要求标准必要专利权人作出公平合理无歧视许可承诺，应当界定公平合理无歧视的内涵，或者对符合公平合理无歧视原则的标准必要专利许可使用费作出说明。然而，标准组织并没有完成这一重要任务，主要原因有二。一是标准组织客观上难以界定公平合理无歧视原则的内涵。标准必要专利许可涉及社会公共利益在内的多方利益，不同主体的利益诉求不同，对公平合理无歧视原则的理解也不同，但它们都具有合理性，确定公平合理无歧视原则的内涵存在困难。二是标准组织主观上不愿意参与确定符合公平合理无歧视原则的标准必要专利许可使用费。因为技术标准本身具有垄断属性，技术标准组织的各项活动受反垄断法规制，为避免追责，技术标准组织通常会避免参与确定合理的专利许可使用费。[1] 尽管准确界定公平合理无歧视原则的内涵存在困难，但是各技术标准组织的专利许可政策文本，以及法官在相关案件判决书中对公平合理无歧视原则的解读，仍然可以帮助我们更准确地把握该原则中公平、合理、无歧视的含义。

实践中大量相关案件判决书表明，不同国家和地区的法院对公平合理无歧视许可原则的适用并不一致。这恰恰说明，对公平合理无歧视原则的理解很难达成统一。即便如此，法院仍然需要在具有合理性的冲突解释中作出抉择。当然，法院在阐释公平合理无歧视许可的含义及适用公平合理无歧视原则时，需考虑技术标准组织制定公平合理无歧视原则的目的，当事人对公平合理无歧视许可效果的期望，以及判决结果将对整个产业市场产生的影响。

总之，公平合理无歧视许可声明是标准必要专利权人向技术标准组织作出的承诺，同意向任何技术标准实施者颁发专利许可证，收取公平、合理、无歧视的标准必要专利许可使用费，以保证技术标准产品的制造、使用与销售。标准必要专利中的公平合理无歧视原则至少包含以下几层意思：第一，公平合理无歧视原则意味着合理的标准必要专利许可使用费及公平无歧视的标准必要专利许可使用条件；第二，任何技术标准实施者只要愿意在符合公平合理无歧视原则的基础上使用标准技术，专利权人就必须

---

[1] COWIEM G, LAVELLE J P. Patents Covering Industry Standards: the Risks to Enforceability Due to Conduct Before Standard - Setting Organizations [J]. AIPLA Q. J., 2002 (95): 101.

授予许可；第三，在技术标准被有效实施期间，标准必要专利权人不能单方撤销其已作出的公平合理无歧视许可承诺；第四，标准必要专利权人的公平合理无歧视许可义务，永远伴随标准必要专利权，随着专利权的转让而发生转移；第五，为保证公平合理无歧视许可承诺义务的更好履行，采取统一的许可方式是必要的，但基于标准实施者的具体情况千差万别，专利许可使用条款也各不相同，公平合理无歧视许可不意味着标准必要专利许可使用费及其他许可条件完全相同。也就是说，统一公平合理无歧视许可使用条件并不意味着所有的标准必要专利许可使用协议都必须建立在统一条款基础之上，而是与不同的标准实施者达成的许可使用条款具有统一的可变性。

第三节　公平合理无歧视许可声明的法律性质

一、公平合理无歧视许可声明法律性质的论争

尽管公平合理无歧视许可声明是技术标准组织的重要专利政策，但是，技术标准组织并没有明确其法律属性，世界各国立法也没有规定公平合理无歧视许可声明的法律性质。无须多言，在现有法律框架下，明晰公平合理无歧视许可声明的法律性质，对于解决标准必要专利公平合理无歧视许可纠纷尤为重要。目前，学界对公平合理无歧视许可声明法律性质的认识存在较大分歧，主要观点有以下几种。

第一，公平合理无歧视许可声明是一种不完整契约。该观点以公平合理无歧视原则的来源为出发点，主要存在于美国学术

界。技术标准组织几乎都设置了公平合理无歧视承诺条款，要求当事人按照公平合理条款签订标准必要专利许可协议，而不是承诺以固定许可使用费方式签订专利许可合同。[1] 实践中，公平合理无歧视许可声明常以技术标准组织章程或知识产权政策的形式出现，有时以独立的协议形式出现，如 IEEE 要求专利权人提交公平合理无歧视许可保证信，是对技术标准实施者寻求强制执行公平合理无歧视许可条款的认可。由此来看，公平合理无歧视许可承诺是有约束力的合同，标准必要专利权人负有与标准实施者签订公平合理无歧视专利许可合同的义务，如若违反则应承担违约责任。尽管 IEEE 并不负责具体执行，但该条款让标准必要专利权人的合同义务变得不容置疑，对落实公平合理无歧视许可承诺义务具有重要意义，尽管合同的另一方当事人及内容并不完整。

然而，有学者对此提出质疑，认为技术标准组织要求专利权人作出公平合理无歧视许可承诺的主要目的，一是为了标准实施者能获得专利使用权，二是为了标准必要专利权人能为技术创新贡献得到公平补偿。毕竟，标准必要专利权人并不能确保与特定的技术标准实施者签订专利许可协议，公平合理无歧视许可承诺无法将一个标准必要专利权人转变为合同当事人，因为专利许可谈判很可能失败。[2] 即使标准必要专利权人完全履行了公平合理无歧视许可承诺要求的合同义务，仍然可能达不成许可使用协议。因为，某个技术标准实施者不愿意或不接受支付公平合理无

[1] LEMLEY M A, SHAPIRO C. Patent Holdup and Royalty Stacking [J]. Tex. L. Rev., 2007, 85 (7): 1991－1993.

[2] KESANJ P, HAYESC M. FRAND's Forever: Standards, Patent Transfers, and Licensing Commitments [J]. IND. L. J., 2014, 89 (1): 294－304.

歧视专利许可使用费的可能总会客观存在。❶ 有学者指出，从经济角度看，将公平合理无歧视许可声明视为不完全合同意味着效力低下，但公平合理无歧视许可声明节约了解决合同关系中可能出现的突发事件的成本，是一种可预测的、高效的结果。从法律角度来看，将公平合理无歧视许可声明视为合同的确不够准确，但是，却为规制标准必要专利许可领域发生的事后机会主义行为提供了法律框架和政策指导。❷ 我国有学者认为，公平合理无歧视原则是一份合同，是规范标准化组织、标准必要专利权人、标准实施者的权利义务的协议。❸ 也有学者认为，公平合理无歧视原则不是合同，只是签订标准必要专利许可使用合同的基础和保障。❹

第二，公平合理无歧视许可声明是一种第三人受益合同。该观点是美国法院在微软诉摩托罗拉、苹果诉摩托罗拉等案件中提出的。美国法院认为，公平合理无歧视许可声明是一种第三人受益合同。实践中，该观点同时被肯定和否定。部分欧洲学者和法院对此观点存有共鸣，赞同公平合理无歧视许可声明已达成标准必要专利许可协议的初步形式，具有合同约束力。英国高等法院认为，专利权人向技术标准组织作出公平合理无歧视许可声明，创设了以技术标准实施者为受益第三人的合同，具有法律效力。

---

❶ SIDAK G. The Meaning of FRAND, Part II: Injunctions [J]. Journal of Competition Law & Economics, 2015, 11 (1): 201 - 269.

❷ TSAI J, WRIGHT J. Standard Setting, Intellectual Property Rights, and the Role of Antitrust in Regulating Incomplete Contracts [J]. Antitrust Law Journal, 2015, 80 (1): 157 - 188.

❸ 张平. 知识产权政策的合同法分析 [J]. WTO 经济导刊, 2007 (3): 53 - 54.

❹ 王颖. 标准必要专利中 FRAND 承诺的法律属性探析 [J]. 浙江万里学院学报, 2017 (3): 44 - 47.

在法国，法律允许在第三方参与执行的合同中，协议一方同意向第三方提供利益。但是，该观点并未获得普遍认可，德国法院在微软诉摩托罗拉案中，否认了合同关系的存在，不认可公平合理无歧视许可声明是专利权人与技术标准组织签订的合同。而对于实施技术标准的非标准组织成员是否属于公平合理无歧视承诺第三方受益人，更没有统一认识。有美国学者认为，根据美国法律，非技术标准组织成员不享有可执行的第三方受益人权利。[1]我国有学者赞同公平合理无歧视许可声明是一种第三人受益合同之观点。[2]

第三，公平合理无歧视许可声明是一种要约邀请。在德国，公平合理无歧视许可声明被认为只是在特殊情况下发生的初步承诺，因为它在标准必要专利许可双方达成特定的许可使用条款之前，产生了具有约束力的效果。换言之，公平合理无歧视许可承诺只是专利权人向潜在的被许可人发出的许可要约，属于要约邀请。德国法院支持该观点。2012 年 5 月，德国曼海姆地区法院法官在微软诉摩托罗拉案中指出，专利权人对标准组织作出的公平合理无歧视许可声明，并不构成权利人和潜在被许可人之间的专利许可合同，也不构成第三人受益合同。德国法律不承认第三人受益的物权合同，按照第三人受益合同理解公平合理无歧视许可声明是具有创设处分性质的许可授权于法无据。因此，标准必要专利权人作出的公平合理无歧视许可声明，不能被视为针对不

---

[1] LEMLEY M A. Intellectual Property Rights and Standard - Setting Organization [J]. California Law Review, 2002, 90 (6): 1889.

[2] 顾金焰. 专利标准化的法律规制 [M]. 北京: 知识产权出版社, 2014: 123; 徐颖颖. 标准必要专利权人 FRAND 许可声明的法律关系研究——以欧洲通信标准协会的规定为例 [J]. 电子知识产权, 2017 (11): 22 - 31.

特定标准实施者的要约，只是向寻求标准必要专利许可的第三方发出的，愿意在公平合理无歧视基础上签订专利许可协议的要约邀请。的确，标准必要专利权人在向技术标准组织作出公平合理无歧视许可声明时，并不是向特定的技术标准实施者作出，即使技术标准实施者接受也不形成具有法律约束力的要约。因此，公平合理无歧视许可声明只是一种要约邀请，仅包含技术标准组织将反垄断效力具体化的意愿，并不包含对标准必要专利许可双方当事人缔约的强制。当然，公平合理无歧视许可声明意味着标准必要专利权人将会按照声明条款授予技术标准实施者专利许可，但只是设定了一项请求权，是为技术标准实施者寻求标准必要专利权人履行公平合理无歧视义务而提供的请求权基础。

第四，公平合理无歧视许可声明是一种默示许可。美国学者提出该观点，并从以下几方面予以论证。一是默示许可能确保所有的技术标准实施者都能受益于专利许可证，即使他们不会因为标准必要专利权人违反向技术标准组织作出的公平合理无歧视许可承诺而提起诉讼。二是默示许可大幅缩小了标准必要专利公平合理无歧视许可纠纷中必须解决的法律问题的范围，法院可将主要精力放在解决涉案专利许可的范围和费率上。三是默示许可降低了标准必要专利权人的机会主义行为，因为专利已经许可。四是默示许可降低了专利劫持等机会主义行为对法院及反托拉斯机制的依赖。[1] 我国有学者赞同该观点，认为将专利权人作出公平合理无歧视许可声明的行为解释为专利默示许可，比仅理解为合

---

[1] LEMLEY M A. Intellectual Property Rights and Standard - Setting Organization [J]. California Law Review, 2002, 90 (6): 1889.

同关系有更多可取之处。[1]

其实，法律框架下的合同法和竞争法与专利法密切相关，都可作为解决专利问题的方案。这种互补在标准必要专利许可使用领域尤为明显，并向更加平衡、更为高效的许可体系过渡。以默示许可为专利法中的抗辩理由，当标准必要专利权人不遵守标准组织制定的专利政策，不履行公平合理无歧视许可义务时，标准实施者可以依据默示许可原则申请执行公平合理无歧视许可承诺。的确，默示许可在一定程度上规制专利权人的行为。如果专利权人声明愿意在公平合理无歧视许可条件下发放标准必要专利许可证，技术标准实施者可以认为，就算尚未与标准必要专利权人签订具体的专利许可使用合同，只要支付合理的专利许可使用费，就可以自由实施技术标准。

第五，公平合理无歧视许可声明是一种单方法律行为。该观点由我国法院提出。北京知识产权法院在 2017 年 3 月判决的西电捷通诉索尼案中指出，公平合理无歧视许可声明仅是标准必要专利权人作出的单方承诺，属于单方民事法律行为，专利权人向技术标准组织作出公平合理无歧视许可声明，不代表向技术标准实施者作出专利许可。更何况，公平合理无歧视许可声明中并不包含具体的合同条款。换句话说，仅基于标准必要专利权人的公平合理无歧视许可声明，不能认定标准必要专利许可双方已经达成了专利许可使用合同。[2]

---

[1] 朱雪忠，李闯豪. 论默示许可原则对标准必要专利的规制 [J]. 科技进步与对策，2016 (12)：98 - 104.

[2] 西电捷通诉索尼案，(2015) 京知民初字第 1194 号。

二、公平合理无歧视许可声明的法律性质分析

公平合理无歧视许可声明是潜在的标准必要专利权人向技术标准组织作出的一个正式承诺，约束专利权人按照公平合理无歧视原则提供标准必要专利许可。从不同角度来看，公平合理无歧视许可声明展现不同的法律特性。

首先，公平合理无歧视许可声明不是专利许可合同。主要原因有二。一是合同双方当事人不确定。公平合理无歧视许可声明一方当事人为潜在的标准必要专利权人，另一方是技术标准组织还是潜在的技术标准实施者呢？将公平合理无歧视许可声明视为合同，不仅不是解决公平合理无歧视许可使用纠纷的最佳选择，而且存在理论问题。标准必要专利许可双方当事人也是不确定的，作为谈判对象的技术标准实施者是未知的，受公平合理无歧视许可声明限制的标准必要专利权很可能被转让。也就是说，参与标准必要专利许可谈判的主体往往是不确定的。[1] 二是合同条款不具体。公平合理无歧视许可声明本身没有创制任何具体的合同条款，标准必要专利权人只是自愿履行在公平合理无歧视许可基础上善意谈判并授予专利许可的义务，并未同意提供比公平合理无歧视原则更严格的专利许可条件。如果标准必要专利权人发出的专利许可要约被拒绝，那么唯一需要评判的是该要约中的合同条款，是否在充分考虑当事人及相关市场的情况下，超出了公

---

[1] KESAN J P, HAYES C M. FRAND's Forever: Standards, Patent Transfers, and Licensing Commitments [J]. Indiana Law Journal, 2014, 89 (1): 231 -314.

平合理无歧视原则允许的范围。[1]

实践中，公平合理无歧视许可声明的合同属性未被普遍接受，各国司法裁判也没有一致支持公平合理无歧视许可声明创设了一份标准必要专利许可合同的观点。例如，日本法院在三星诉苹果案中指出，标准必要专利权人作出的公平合理无歧视许可承诺不能被视为一种合同，也不构成签订专利许可协议的要约。日本法院在分析时充分考虑了法国法律，因为ETSI知识产权政策指出，公平合理无歧视许可承诺条款的有效性受法国法律约束。按照法国法律的规定，形成专利许可使用协议至少需要双方当事人，该案中即提供专利许可和接受专利许可的双方，被许可方开始实施标准必要专利，意味着用实际行动履行协议。该案中，当苹果公司作为标准实施者开始使用涉案专利，双方之间的公平合理无歧视专利许可使用关系已经形成。当然，尽管公平合理无歧视许可声明并没有具体的许可条款和适用条件，如涉案专利的许可使用费、许可使用期限及许可使用的地域范围等，但公平合理无歧视许可协议的特殊之处就在于它不同于买卖合同，许可使用费不是当事人之间订立合同的必须条件。而且，根据法国法律规定，法院有权确定符合公平合理无歧视许可条件的专利许可使用费。因此，公平合理无歧视许可承诺即使不构成要约，至少应被视为一个有约束力的法律行为。此外，日本法院指出，公平合理无歧视许可声明还可以被解释为第三方受益的承诺。该案中，三星公司作出了公平

---

[1] BROOKS R G，GERADIN D. Taking Contracts Seriously：The Meaning of the Voluntary Commitment to License Essential Patents on 'Fair and Reasonable' Terms [EB/OL].（2010－03－15）[2021－10－11]. http：//ssrn. com/abstract = 1569498.

合理无歧视许可承诺，就需要为第三人利益承担一定的义务。其实，标准组织专利政策充分考虑到，标准必要专利许可使用协议以双方当事人为基础建立，应将专利许可使用协议具体条款留给缔约当事双方谈判交涉。换句话说，技术标准实施者获得专利许可授权是公平合理无歧视许可承诺的本质，为此，每个标准必要专利实施者都应通过谈判获得许可使用授权。

其次，公平合理无歧视许可声明不是第三人受益合同。在我国现有法律框架下，第三方受益合同说无法为标准必要专利许可交易中公平合理无歧视许可纠纷的解决提供法律支持。虽然公平合理无歧视许可声明作为标准必要专利许可的前奏，的确有利于引导标准必要专利权人与技术标准实施者签订专利许可使用协议，创造双方之间的合同关系。在公平合理无歧视许可声明下，技术标准实施者似乎成为受益第三方，被设定了利益，享有按照公平合理无歧视原则给付许可费并实施标准必要专利的权利。但是，《中华人民共和国民法典》（以下简称《民法典》）第 522 条规定，当事人约定由债务人向第三人履行债务的，债务人未向第三人履行债务或者履行债务不符合约定，应当向债权人承担违约责任。且不说公平合理无歧视许可声明本就不是标准必要专利权人与技术标准组织之间的专利许可使用合同，即便是，如果专利权人出现违反公平合理无歧视许可承诺的行为，也只是向技术标准组织承担违约责任，技术标准实施者作为第三人并不能直接向专利权人主张权利。因此，虽然技术标准实施者确实享有由公平合理无歧视许可声明设定的利益，但公平合理无歧视许可声明本身不是第三人受益合同。

再次，公平合理无歧视许可声明不是要约邀请。其仅考察标准必要专利权人公平合理无歧视许可声明的内容，的确较为接近要约邀请。《民法典》第473条规定，要约邀请是希望他人向自己发出要约的意思表示。但是，公平合理无歧视许可声明要约邀请说存在如下问题：一是要约邀请可以撤回，但标准必要专利权人作出的公平合理无歧视许可声明，几乎被所有的技术标准组织明确要求不可撤销；二是技术标准组织要求标准必要专利权人作出公平合理无歧视许可声明，是赋予标准必要专利权人在专利许可中的义务，而不是赋予技术标准实施者发出要约之义务。显然，如果公平合理无歧视许可声明是要约邀请，几乎不会对标准必要专利权人产生任何有效制约，有悖于技术标准组织制定公平合理无歧视政策的目标。

最后，公平合理无歧视许可声明不是一般的单方民事法律行为。公平合理无歧视许可声明先于正式的标准必要专利许可协议，是标准必要专利权人对专利使用者实施标准必要专利的允诺，是对专利实施者付费实施技术标准，不必担心专利侵权的明确告知。[1] 从这个角度来看，公平合理无歧视许可声明就是一种单方民事法律行为。但是，公平合理无歧视许可声明更是一个附条件不起诉承诺，而不仅是一个单方民事行为。毕竟，标准必要专利权人许诺不会因为侵权行为而起诉技术标准实施者，除非且直到善意的谈判尝试失败；所有的技术标准实施者都有尊重标准必要专利权的义务，法律必须为标准必要专利提供保护，防止大规模的潜在侵权行为发生。

因此，公平合理无歧视许可声明是一种附带第三方权利义务的单方民事法律行为，其中，第三方包括技术标准实施者和标准

---

[1] CONTRERAS J L. A Market Reliance Theory for FRAND Commitments and Other Patent Pledges [J]. Utah Law Review, 2015 (2): 479.

必要专利受让人。具体分析如下：一是单方法律行为只需要一方的意思表示就可成立，不需对方作出同意的意思表示。公平合理无歧视许可声明也是如此，标准必要专利权人作出许可承诺，无须技术标准实施者作出同意的意思表示。二是部分单方法律行为不能撤销，如继承人放弃继承。公平合理无歧视许可声明同样不允许撤销。三是部分单方法律行为发生效力附带条件，要求对方履行一定义务，如附条件的遗赠。公平合理无歧视许可声明的落实同样需要技术标准实施者履行善意谈判义务。不过公平合理无歧视许可声明有其特殊之处，一般的单方民事法律行为中所附条件仅为义务，由相对方履行，公平合理无歧视许可声明中所附条件包括权利和义务[1]，由第三方技术标准实施者及标准必要专利受让人享有和履行。总之，公平合理无歧视许可声明的落实，让公平合理无歧视由宣誓变为原则，是标准必要专利权人、技术标准组织及技术标准实施者相互合作，推动技术标准制定实施及创设专利许可使用合同的指导准则。

三、公平合理无歧视原则的法律效力

因为对公平合理无歧视原则法律性质的不同理解，公平合理无歧视原则的法律效力也不统一。有学者认为，公平合理无歧视许可声明只对接受方技术标准组织有效；也有学者认为，标准必要专利权人的公平合理无歧视许可声明效果应当被扩展至任何潜在的被许可人。还有学者提出，公平合理无歧视许可声明是标准

[1] 公平合理无歧视许可声明中所附权利为技术标准实施者以公平合理无歧视条件实施标准必要专利的权利，义务为技术标准实施者以诚信参与标准必要专利许可谈判的义务。

必要专利权人许可意愿的具体宣告，通过竞争法的运作而存在。在专利侵权语境中，公平合理无歧视许可声明是对标准必要专利权人的限制，意味着专利权人对愿意作出的特定行为的承诺。

无论是标准必要专利许可交易的哪一方当事人违反公平合理无歧视原则，都会造成技术标准的适用不能，如在技术标准产品生产之前，技术标准实施者往往已经基于信任进行了前期资金投入。所以说，违反公平合理无歧视原则，影响的不仅是标准必要专利许可双方的个人利益，还会延缓、妨碍技术标准的实施，危及各种技术投资安全。这些后果与制定推广技术标准的宗旨相悖。[1] 因此，公平合理无歧视许可声明作为专利许可中的基本原则，对标准必要专利权人及其受让人、技术标准组织及技术标准实施者分别产生以下法律约束力。

第一，公平合理无歧视原则对所有的标准必要专利权人产生法定约束力。此处的标准必要专利权人，既包括原标准必要专利权人，又包括其受让人；既包括作出过公平合理无歧视许可声明的专利权人，又包括未作出过公平合理无歧视许可声明的专利权人。W3C[2] 的专利政策规定，公平合理无歧视许可声明面向所有的技术标准实施者，无论其是否为 W3C 的成员。[3] 也就是说，即使最初作出公平合理无歧视许可声明的专利权人退出 W3C 或将

---

❶ 马海生．专利许可的原则——公平、合理、无歧视许可研究［M］．北京：法律出版社，2010：42－43．

❷ 万维网联盟，创建于 1994 年，是 Web 技术领域最具权威和影响力的国际中立性技术标准机构。目前，W3C 已发布了 200 多项影响深远的 Web 技术标准及实施指南，有效促进了 Web 技术的互相兼容，对互联网技术的发展和应用起到了基础性和根本性的支撑作用。

❸ The World Wide Web Consortium. W3C Patent Policy. ［EB/OL］．（2004－02－05）［2021－10－14］．https：//www. w3. org/Consortium/Patent－Policy－20040205．

标准必要专利转让给非 W3C 的成员，原技术标准实施者获得的标准必要专利许可实施依然有效。实践中，法院对此观点进行了确认。在澳大利亚联邦科学与工业研究组织（CSIRO）诉思科案中，原告是通过受让成为涉案标准必要专利权人，并未向技术标准组织作出过公平合理无歧视许可声明。对此，澳大利亚联邦巡回法院认为，公平合理无歧视原则在所有的标准必要专利许可中都应得到适用，而非仅当专利权人作出公平合理无歧视许可声明，才有遵守公平合理无歧视原则的义务。因为无论涉案标准必要专利权人是否作出过公平合理无歧视许可声明，均须考虑技术标准化的公共利益影响，以及标准必要专利溢价因素。然而，这种法定约束力在实践中并没有得到完全的贯彻执行，无线星球诉华为案即是例证。在涉案标准必要专利从爱立信公司转让至无线星球公司之前，华为公司与爱立信公司签订了标准必要专利许可使用协议。但是，当无线星球公司成为新的标准必要专利权人，要求华为公司重新签订专利许可使用协议，而且要求了比之前高得多的专利许可使用费。对此，华为公司不愿意接受，因而成讼。可见，无线星球公司通过受让成为标准必要专利权人，并没有遵守此前爱立信公司与华为公司签订的标准必要专利公平合理无歧视许可使用协议。

第二，公平合理无歧视原则应当对技术标准组织及技术标准实施者产生法定约束力。笔者认为，技术标准组织应当督促标准必要专利权人履行公平合理无歧视义务，技术标准实施者应当遵守公平合理无歧视原则，履行善意谈判的义务。实践中，技术标准组织对公平合理无歧视许可原则的落实不承担任何法定义务，也不参与处理标准必要专利公平合理无歧视许可使用纠纷，技术标准实施者受公平合理无歧视原则的约束则已得到法院判决的支持。在无线星球诉华为案中，法院指出，标准必要专利许可中公平合理无歧视许可原则的落实，需要专利许可双方在谈判中都能秉持诚信的态度，遵守公认的商业道德。也就是说，整个谈判过程要求标准必要专利许可双方都遵守公平合理无歧视原则，履行公平合理无歧视义务。尽管技术标准实施者没有作出公平合理无歧视许可声明。但是，意图获得标准必要专利公平合理无歧视许可使用权的技术标准实施者，在要求标准必要专利权人履行公平合理无歧视义务的同时，也必须以符合公平合理无歧视原则的方式参与专利许可谈判。❶

第四节　标准必要专利许可中公平合理无歧视原则的核心价值

一、公平合理无歧视原则的创新激励价值

激励技术创新是技术标准化的目标之一。国际技术标准的制定，是通过一系列技术参数，为产品的生产、服务提供技术基础。❷ 我国标准化立法是为了提升产品和服务质量，促进科学技术进步，保障人身健康和生命财产安全，维护国家安全、生态环境安全，提高经济社会发展水平。公平合理无歧视原则在技术标准化进程中出现，对技术创新的激励主要体现为两方面：一是激

❶ Unwired Planet v. Huawei，EWHC，HP－2014－000005，5 April 2017.

❷ 杨帆. 国际技术标准［M］. 北京：法律出版社，2006：10.

励专利融入技术标准，二是激励专利权人积极参与开发可融入专利的技术标准。

一方面，公平合理无歧视原则为专利融入技术标准提供了最大可能。技术标准制定应当体现特定时期的科技发展水平，先进的技术具有相对强大的获利能力和相对长久的市场生命力。通常，技术标准制定中考虑的核心因素之一就是技术是否具有先进性。[1] 毕竟，含有先进技术的产品性能更加优越，更有助于用户获得良好的体验和使用感受。可以认为，具有“科学性”的技术标准已经不可能拒绝含有专利权的技术方案。但是，专利的私有属性与技术标准公共属性的冲突，成为高水平技术标准产生的障碍。公平合理无歧视原则为专利融入技术标准扫清了障碍，它确认标准必要专利权人享有收取专利许可使用费的权利，技术标准实施者有获得专利许可使用证的权利。

另一方面，公平合理无歧视原则激励专利权人参与技术标准创新。通常，行业技术标准由整个行业使用，大量的使用者参与分享新技术标准产生的利益。然而，往往只有少数公司努力将技术纳入标准，自愿为技术标准开发作贡献。有学者以一个特别重要的3GPP技术标准组织为例展开研究，发现在这个拥有450多家成员公司的标准组织中，10家公司作出了58% ~75%的贡献。[2] 的确，技术标准用户的数量与技术标准开发的活跃贡献者之间存在巨大差异。不得不说，标准必要专利让参与主体获取经济效益，对激励研发并产生新的技术及技术标准发挥着重要作用。

---

[1] 高俊光. 面向技术创新的技术标准形成机理 [M]. 北京：经济科学出版社，2010：60.

[2] BARON J. Kirti Gupta. Unpacking 3GPP standards [J]. Journal of Economics & Management Strategy, 2016, 27 (3): 433 -461.

其实，标准必要专利相比其他专利可为权利人带来更高的经济回报。虽然标准必要专利权受公平合理无歧视条款的规制，权利人不可拒绝竞争对手使用专利技术或收取过高的专利使用费。即便如此，许多标准必要专利通过许可使用产生了可观的经济收入，它本身的经济回报似乎更有吸引力。[1] 研究表明，拥有标准必要专利的公司，其资产回报高于拥有非标准必要专利的公司，资产回报率最高的是那些拥有标准必要专利和非标准必要专利混合在一起的公司。[2] 投入标准必要专利研发的经济回报，是对开发新的标准必要专利技术的激励。[3] 有回报才能有新的投入，标准必要专利权人投入资源，改进、维护或提升技术标准的动机，能够确保行业实施者继续使用该技术标准。有学者选取了要求所有成员执行公平合理无歧视许可政策的标准组织作为样本，研究发现，相对于其他类似的技术标准组织所颁布的技术标准，包含必要专利的技术标准修订更有规律，存续时间更长，尤其是当标准必要专利所有权集中在少数几家公司的时候。[4]

二、公平合理无歧视原则的垄断规制价值

专利权是法定垄断权，标准必要专利权人有权在法律授权的

---

[1] STASIK E. Royalty Rates And Licensing Strategies For Essential Patents On LTE （4G） Telecommunication Standard ［J］. Les Nouvelles, 2010 （9）：114 – 120.

[2] POHLMANN T, BLIND K, NEUHAEUSLER P. Standard essential patents to boost financial returns ［J］. R & D Management, 2015, 46 （S2）：612 – 630.

[3] Baron J, Ménière Y, POHLMANN T. Standards, consortia and innovation ［J］. International Journal of Industrial Organization, 2014, 36：22 – 35.

[4] BARON J, PENTHEROUDAKIS C, THUMM N. FRAND Licensing in Theory and Practice: Proposal for A Common Framework. ［J］. CPI Antitrust Chronicle, 2016 （9）：20 – 24.

范围内自由行使。但是，如果权利人行使标准必要专利权限制了市场竞争，就必须受到反垄断法或竞争法的规制。因为，在市场经济中，不承认任何的权威，只承认竞争的权威。❶ 实践中，因专利许可纠纷导致的反垄断案件，多缘起专利权人对市场竞争的限制。公平合理无歧视原则作为技术标准组织的专利政策出现，原因之一就是为了禁止标准必要专利权人在专利许可中实施专利劫持等垄断行为。

实践中，技术标准的实施有利于产品的互联、互通、互操作，为抢占市场，实施技术标准的企业常依照技术标准开展生产、销售、培训投资。标准必要专利所造成的技术锁定，导致企业不能或很难由标准技术转化为替代技术，从而大大增加标准必要专利权人在专利许可谈判中的优势地位，出现专利劫持等垄断行为。❷ 尽管从已发生的公平合理无歧视许可使用纠纷来看，没有任何事实证据证明公平合理无歧视许可声明的存在是为了防止专利劫持。❸ 但是，如果标准必要专利权人违反公平合理无歧视许可声明，很可能面对技术标准实施者寻求法院确定专利公平合理无歧视许可费的诉讼。正如有的学者所言，防止专利劫持是公

---

❶ 弗里德里希·恩格斯，卡尔·马克思．马克思恩格斯全集第23卷［M］．中共中央马克思恩格斯列宁斯大林著作编译局，译．北京：人民出版社，1972：394.

❷ MILLER J S. Standard Setting, Patents, and Access Lock－In: RAND Licensing and the Theory of the Firm［J］. IND. L. REV., 2007, 40: 351－357.

❸ SIDAK J G. The Meaning of FRAND, Part II: Injunctions［J］. Journal of Competition Law & Economics, 2015, 11 (1): 201－269.

平合理无歧视许可声明的主要目的。[1] 无论如何，对标准必要专利权人来说，无论是在技术标准制定之前单方披露标准必要专利许可使用费，还是在技术标准制定之后提出专利许可使用费报价，公平合理无歧视原则始终是一个威胁，一旦标准必要专利权人实施垄断行为，极可能无法达成专利公平合理无歧视许可使用协议，导致诉讼或反垄断调查。总之，公平合理无歧视原则在客观上起到了规制专利劫持等垄断行为，保护技术标准实施者利益的作用。

三、公平合理无歧视原则的公益维护价值

在技术标准实施中，公平合理无歧视原则维护标准必要专利许可使用双方及消费者的利益，反对专利劫持及反向专利劫持，规制垄断行为，以推动技术标准实施为己任。其实，这就是在维护社会公共利益。

科技是第一生产力，社会的进步和发展离不开尊重科学，传播知识。虽然专利制度对科技发展的正面作用一直都存有质疑，但无论如何，专利权在国际贸易中的地位和作用越来越突出，已经成为世界各国尤其是发达国家获得经济利益，处理国际贸易的重要政策工具。然而，专利权的不断扩张已经打破了专利私权与社会公共利益之间的平衡。尤其是当专利融入技术标准之后，专利权的垄断性借助技术标准的力量扩展到相关产业领域，标准必

---

[1] CONTRERAS J L. Fixing FRAND：A Pseudo - Pool Approach to standards - based Patent Licensing [EB/OL].（2013 - 03 - 31）[2022 - 02 - 13]. https：//papers. ssrn. com/sol3/papers. cfm? abstract_id = 2242424；FARRELL J，HAYES J，SHAPIRO C，et al. Standard - setting，Patents and Hold - up [J]. Antitrust Law Journal，2007，74：603 - 613.

要专利成为权利人垄断相关市场的有力工具。

垄断对自由竞争的伤害是致命的。自19世纪末垄断资本主义到来，世界各国都在采取各种措施反垄断。以美国为例，最初的《反托拉斯法》以维护自由竞争为己任，因为自由竞争价值巨大，通过优胜劣汰有效配置社会资源，维护社会经济秩序，提高经济效率。在美国政府看来，自由竞争状态下的资源配置最优，商品价格最低、质量最高，社会物质进步最大，社会民主、公平等制度环境最好。换言之，《保护贸易和商业不受非法限制与垄断之害法》就是以维护自由竞争为基础，维护消费者利益，维护竞争环境，维护社会福利和社会民主。后来，美国设立联邦贸易委员会，制定了禁止实施不公平竞争行为的规定。在美国公众看来，竞争是一种发现最优者的机制，只有竞争才能保证知识的不断发现和产出；❶ 竞争对于培养人的独立和竞争精神有积极作用。❷ 由美国反垄断立法的历程可见，实现社会公共利益从来都是反垄断的重要目标。

实践中，不同阶段美国开展的反垄断执法重点有所不同，但是，维护社会公共利益的理念却从来没有变化。重要的是，公平合理无歧视原则正是在美国反垄断案件中出现，并逐渐演化成今天的模样。其实，公平合理无歧视原则对社会公共利益的维护，还体现在对消费者利益的保护，例如，为消费者选择具有兼容性的技术标准产品提供了最大可能，避免因淘汰此前购买的次优标

---

❶ 弗里德利希·冯·哈耶克．自由秩序原理［M］．邓正来，译．上海：三联书店，1997：72.

❷ 保罗·萨缪尔逊，威廉·诺德豪斯．微观经济学［M］．16版．萧琛，等，译．北京：华夏出版社，1999：253.

准产品而遭受损失。[1]

的确，所有权作为现代市场经济体制的基础，固然必须坚持，然而过多强调作为社会细胞的个人权利，却往往忽略了社会的整体存在属性。在微软诉摩托罗拉案中，法院的观点值得赞赏，即对公平合理无歧视承诺的解释必须符合社会公共利益，因为它就是为了实现社会公共利益而制定的。公平合理无歧视原则的落实必须符合社会公共利益，尽管技术标准实施中专利公平合理无歧视许可使用协议是在纯粹私人之间达成，但当协议的执行牵涉社会公共利益时，应当从社会公共利益的角度解释该协议。[2]

四、公平合理无歧视原则的私权保护价值

在标准必要专利的形成与许可使用中，公平合理无歧视原则同时保护标准必要专利权人及技术标准实施者的私人权益。

（一）公平合理无歧视原则对标准必要专利权人的私权维护

第一，公平合理无歧视原则让专利权人成为标准必要专利权人。通常，专利权人自由选择专利是否进入技术标准。如果不进入，使用者须经过同意并支付专利许可费，方可实施专利；如果进入，虽能享受技术标准带来的积极网络效应，但必须事先选择以免费或公平合理无歧视条款提供专利许可使用。实践中，大多

---

[1] MUELLER J M. Patenting Industry Standards [J]. J. Marshall L. Rev., 2001, 34: 916.

[2] Microsoft Corp. v. Motorola, Inc., 696 F. 3d 872 (9th Cir. 2012).

潜在的标准必要专利权人选择公平合理无歧视许可使用。其实，一旦融入专利的技术标准能被市场广泛接纳，标准必要专利基于网络效应获得的收益将成倍增加，正是公平合理无歧视原则使专利有可能转变为标准必要专利。

第二，公平合理无歧视原则认可并支持标准必要专利权人获得专利许可使用费，规制反向专利劫持。反向专利劫持又被称作公平合理无歧视劫持[1]，是技术标准实施者借口公平合理无歧视原则，不支付标准必要专利许可合理费用，在实施标准必要专利的同时，恶意拖延许可谈判时间或率先发起诉讼的一种现象，主要侵害标准必要专利权人的利益，消耗许可交易双方的精力，可能造成司法权威的损害和司法资源的浪费。可以说，标准必要专利权人获得专利许可使用费的最大障碍是反向专利劫持。但是，公平合理无歧视原则认可标准必要专利权人获得合理的专利许可使用费，规制反向专利劫持，技术标准实施者违反公平合理无歧视原则，极可能构成法院颁发禁令救济的基础。

（二）公平合理无歧视原则对技术标准实施者的私权维护

第一，保证技术标准实施者能够获得标准必要专利许可。对于技术标准实施者来说，只有取得了专利许可使用证，才能进入技术标准产业。公平合理无歧视原则预先解决了可能出现的标准必要专利权人凭借优势地位拒绝提供专利许可的问题，专利权人事先作出愿意向所有潜在的技术标准实施者授予专利使用许可证的承诺，以保障技术标准实施者能得到使用专利技术的权利。其

---

[1] 欧美国家称作 Frand Hold – up。

实，使用者支付专利许可使用费实施技术标准，能够赚取巨大的经济利益。以华为公司为例，2010 年，公司支付了 2.22 亿美元专利许可使用费，换来的销售额高达 280 亿美元。[1] 技术标准实施者的投入回报率可见一斑。

第二，公平合理无歧视原则通过对专利劫持等垄断行为的规制，保护技术标准实施者的利益。对于标准必要专利权人来说，无论是在技术标准建立之前对标准必要专利许可费的单方披露，还是在技术标准制定之后提供专利许可使用费报价，都应当符合公平合理无歧视原则。可以说，公平合理无歧视原则在客观上起到了防止标准必要专利权人实施专利劫持等垄断行为的作用，是对技术标准实施者利益的保护。

五、公平合理无歧视原则的利益平衡价值

在技术标准的制定实施中，标准必要专利许可双方当事人及社会公众有着各自合法的利益，这些合法利益之间存在冲突。公平合理无歧视原则从以下几方面兼顾并达成技术标准实施中的各方利益平衡。

第一，公平合理无歧视原则有效化解了专利与技术标准之间的冲突，排除了专利进入技术标准的障碍。技术标准与专利融合，有利于促进新技术产业化，提高效率，但同时也容易导致权利过度利用，抑制技术创新。冲突具有负面价值，但同时具有积极作用。科塞曾说，冲突是激发新规则和制度建立的激发器。[2]

---

[1] 丘慧慧. 华为专利盘拆解：2.2 亿美元与 280 亿美元［N］. 21 世纪经济报道，2011-04-11（22）.

[2] L. 科塞. 社会冲突的功能［M］. 孙立平，等，译. 北京：华夏出版社，1989：144.

正是专利融入技术标准所产生的冲突，激发了公平合理无歧视原则这一新规则的建立。换句话说，公平合理无歧视原则为专利与技术标准之间无可避免的冲突提供了解决思路。实践中，公平合理无歧视原则作为冲突协调解决机制，在运作中得到了丰富和发展。

第二，公平合理无歧视原则平衡了标准必要专利权人与技术标准实施者之间的利益冲突。标准必要专利权人想法设法收取最多的专利许可使用费似乎是理所当然的，毕竟，标准必要专利是在投入大量技术研发资金和人力、时间之后才获得的。况且，持续的技术研发需要持续的资金投入，许可使用费是重要的研发资金来源。专利制度建立的规则就是有偿使用专利技术。同时，技术标准实施者尽可能减少成本支出同样是普遍现象。毕竟，更多的成本意味着更少的利润。技术标准实施者必须支付专利许可使用费，获得专利授权，才能生产技术标准产品。而且，只有符合技术标准的产品才能达到进入市场的要求。可以说，公平合理无歧视原则支持标准必要专利权人获取合理的专利许可使用费，同时限制其许可权利和收费范围，以平衡当事人之间的利益冲突。

第三，公平合理无歧视原则平衡了标准必要专利许可使用双方与社会公众之间的利益冲突。专利融入技术标准后，标准必要专利许可交易不仅会对交易双方产生影响，还会对技术标准所在的整个产业产生影响。毕竟，技术标准中包含的技术规范，往往决定着所在产业的技术发展路线，尤其是技术标准实施中形成的技术思想，并不只是成千上万项专利技术的堆积和应用，更是影响甚至决定着相关行业发展的因素，后来者常常只能沿着先前的技术路线继续前行。[1] 因此，标准必要专利许可交易中，要实现许可双方的私人利益，更应顾及社会公共利益目标。公平合理无歧视原则要求标准必要专利权人向所有的标准实施者发放许可证，就是为了促进技术标准的推广实施，保证标准化活动的正常开展及社会公众对专利技术的合理利用，维护社会公共利益。

总之，公平合理无歧视原则衡量了标准必要专利许可中各利益的重要性，为相互冲突的利益提供了协调标准，寻求着各种冲突利益之间的平衡。

本章小结

公平合理无歧视原则确立于技术标准组织的公平、合理、无歧视专利许可声明政策，它不是专利许可合同，不是第三人受益合同，也不是要约邀请，而是一种附带包括技术标准实施者和标准必要专利受让人在内的第三方权利义务的单方民事法律行为，对标准必要专利权人、技术标准实施者、技术标准组织具有法律约束力，具有激励创新、规制垄断、维护公益、保护私权、平衡利益的价值。

---

[1] 王俊秀，刘双桂，齐欧．新全球主义：中国高科技标准战略研究报告［EB/OL］．(2017－10－15)［2017－12－13］．http：//web. cenet. org. cn/upfile/60596. doc.

第四章

标准必要专利许可使用费的确定

在标准必要专利公平合理无歧视许可纠纷中，最核心、最关键、最重要的问题是确定符合公平合理无歧视原则的涉案标准必要专利许可使用费。当事人双方在诉讼中提出的管辖权异议、禁令救济申请、滥用市场垄断地位指控，均是因双方不能达成符合公平合理无歧视原则的涉案专利许可使用费而起，又常在双方达成涉案专利许可使用费而落。司法实践中，法院确定符合公平合理无歧视原则的标准必要专利许可使用费的方法并不完全相同，考虑的因素也有所区别和侧重。

第一节　司法实践中标准必要专利许可使用费的确定方法

在境内外司法实践中，法院确定符合公平合理无歧视原则的标准必要专利许可使用费常采用可比较协议法、修正的假设性协商法、自上而下法及专利池法，它们各有所长。比较方法相对简洁，修正的假设性协商法相对更能针对案件具体情况，自上而下法能有效防止专利许可使用费堆积，专利池法有相对可信的可参考许可使用费。我国法院在司法裁判中确定符合公平合理无歧视原则的标准必要专利许可使用费时，主要采用了可比较协议法。

一、比较：可比较协议法

可比较协议法是指以可比协议约定的标准必要专利许可使用

费为参照，确定符合公平合理无歧视原则的涉案标准必要专利许可使用费的方法。[1] 该方法通过分析现有或过往协议中达成的标准必要专利许可使用费来确定有争议的标准必要专利的许可费，已在多个标准必要专利许可使用纠纷中被使用。例如，北京市高级人民法院审理的西电捷通诉索尼案、英美法院在无线星球诉华为案和 TCL 诉爱立信案等案，均尝试使用可比较协议来确定无线星球公司和爱立信公司的涉案标准必要专利许可使用费。

（一）可比较协议的选择

通常情况下，选定可比较协议是采用可比较协议法来计算涉案标准必要专利许可使用费的第一步。采用可比较协议法确定符合公平合理无歧视原则的标准必要专利许可使用费，必须保证的是用来参照的可比较协议具有足够的可参照性。然而在实践中，与争议所处情境完全相同的可用来作为比较的协议并不存在，因此，在采用可比较协议法时，需要充分考虑各种可能影响比较和被比较协议之间可比性的因素，尤其是注意判断供选择的可比较协议的标准要尽量具体，保证选择的协议具有可比性。如果供选择的可比较专利许可协议中既包含涉案专利，又包含大量的其他专利，那么需要将涉案标准必要专利许可使用费从协议总许可费中剥离出来，否则该可比较协议的参考价值极为有限。在西电捷通诉索尼案中，西安西电捷通无线网络通信股份有限公司（以下简称“西电捷通公司”）主张以其提供的 4 份专利许可合同中的 3 倍许可费为基数来确定涉案专利许可使用费数额，法院认为西

---

[1] 郭禾，吕凌锐．确定标准必要专利许可费率的可比协议法研究［J］．中国物价，2020（1）：52－55．

电捷通公司提供的 4 份与案外人签订的专利许可使用合同中约定的专利许可使用费 1 元/件具有参考性，将其作为可比较协议来确定涉案标准必要专利的许可使用费，索尼公司使用涉案专利的产品数量为 2 876 391 件，法院基于该数量确定出涉案标准必要专利的许可使用费为 8 629 173 元，即 2 876 391 的 3 倍。

同时，供选择的可比较协议应在平等条件下达成。在微软诉摩托罗拉案[1]中，摩托罗拉公司作为标准必要专利权人，提出了可供选择参照的几份与案外人签订的专利许可使用合同，其中的专利许可使用费率为最终产品价格的 2.25%。法院认为摩托罗拉公司与伟易达公司（V Tech）签订的专利许可使用合同不具有参考价值，因为该专利许可使用合同的签订存在潜在侵权诉讼威胁的不平等条件。而且，伟易达公司并没有完全按照该专利许可使用合同来履行和支付专利许可使用费，只支付了很少的专利许可使用费。法院认为摩托罗拉公司提供的这份与伟易达公司签订的专利许可使用合同的目的，是在为该案确立一个对摩托罗拉公司相对有利的专利许可使用费的可比较协议，而没有真正反映涉案专利应有的专利许可使用价值，因此，没有将摩托罗拉公司提供的这份与伟易达公司的专利许可使用合同作为该案的可比较协议。

（二）“可比较协议法”在我国司法裁判中的运用

在华为诉 IDC 案的审理中，原被告双方在一审和二审中都没有提出具体的计算涉案专利公平合理无歧视许可使用费的方法，我国法院采用了比较方法确定符合公平合理无歧视原则的涉案标

[1] Microsoft Corp. v. Motorola, Inc., 2013 U.S. Dist. LEXIS 60233.

准必要专利许可使用费。其中，法院选取苹果公司作为参照对象进行比较，将苹果公司支付的专利许可使用费作为确定该案中符合公平合理无歧视原则的专利许可使用费的参考。

2011 年 11 月 8 日，华为公司向深圳市中级人民法院提起诉讼，指控 IDC 违反了对技术标准组织作出的公平合理无歧视承诺，在标准必要专利许可中设定了不公平高价和歧视性条件。法院查明，华为公司与 IDC 同为 ETSI 成员，IDC 在 2G、3G、4G 通信领域声明的标准必要专利，对应中国移动通信终端和基础设施，被纳入了中国无线通信标准，华为公司的产品必须符合这些技术标准。双方争议的焦点在于，IDC 要求华为公司支付的专利许可使用费是否符合公平合理无歧视原则。

深圳市中级人民法院一审判决指出，IDC 要求华为公司支付的涉案专利许可使用费远高于苹果公司和三星公司，明显违反了公平合理无歧视原则。在综合考量 IDC 拥有的标准必要专利数量、专利质量等因素后，判决 IDC 在我国的公平合理无歧视标准必要专利许可使用费率应当以产品的实际售价为基础来计算，不得高于 0.019%。[1] IDC 不服，认为该费率的确定缺乏依据，并且贬低了其涉案标准必要专利的应有价值，向广东省高级人民法院提起上诉。2013 年 10 月，广东省高级人民法院对该案作出维持原判的终审判决，认为在同行业中的案外人苹果公司、三星公司都与该案当事人 IDC 签订了涉案标准必要专利许可使用协议，其许可使用费率具有重要的参考价值。但是 IDC 与三星公司签订的涉案标准必要专利许可使用协议是在双方进入诉讼的背景下签订的，存在被许可人（三星公司）受到胁迫的可能。而 IDC 与

---

[1] 深圳市中级人民法院（2011）深中法知民初字第 857 号民事判决书。

另一个案外人苹果公司签订的涉案标准必要专利许可使用协议则是在平等和自愿协商的基础上达成的，费率0.0187%左右❶，因而支持一审法院所认定的IDC与苹果公司的许可费率更具有参考价值，以及以此为依据确定的不高于0.019%的涉案标准必要专利许可使用费率。❷ IDC向最高人民法院申请再审，最终双方达成和解。

在可比较协议的选择上，法院首先选择了IDC与案外人苹果公司和三星公司分别签订的专利许可使用协议作为可能的比较对象，并主要参考了以下四项要素。一是从标准必要专利许可使用协议的效力期间来看，IDC要求华为公司支付的是2009年至2016年的专利许可使用费，华为诉IDC案在法院的审理时间为2011年至2013年；IDC与苹果公司签订的专利许可期间为2007年6月29日到2014年6月28日；IDC与三星公司签订的专利许可期间为2009年到2012年。二是从标准必要专利许可使用协议的标的来看，苹果公司、三星公司及华为公司作为技术标准实施者，使用的是IDC在移动电话领域的标准必要专利，即2G、3G标准下的通信终端设备和基础设施专利技术，具有可比较性。三是从标准必要专利许可使用协议的内容来看，苹果公司和三星公司得到的都是在全球范围内非排他性地实施IDC在移动通信领域持有的标准必要专利，支付的是固定专利许可使用费。四是从标

❶ 2007年9月6日双方达成在全球范围内的普通许可使用协议，许可期间为从2007年6月29日起，为期7年，覆盖当时的i Phone和将来的智能移动电话。专利许可使用费为每季度固定200万美元，总额为5600万美元。法院认定苹果公司2007年到2014年的销售收入为3135亿美元，最终推算出该交易涉及的涉案标准必要专利许可使用费率为0.0187%左右。

❷ 广东省高级人民法院（2013）粤高法民三终字第305号民事判决书。

准必要专利许可使用协议的达成基础来看，苹果公司与 IDC 是在平等协商的基础上，自愿达成的专利许可使用协议；三星公司是在 IDC 提起诉讼后，才与其签订的专利许可使用协议，非自愿达成许可使用协议的可能性相对较大。

最终，我国法院选择苹果公司支付的专利使用费作为比较对象，排除三星公司。因为苹果公司、三星公司与 IDC 签订的专利许可协议条件大致相同，二者的全球市场份额差别不大，但是二者分别与 IDC 签订专利许可使用协议的基础不同，苹果公司是基于平等自愿协商，三星公司面临诉讼，存在被迫的可能。即使被迫只是可能，法院仍然认为，自愿达成的专利许可使用费更符合公平合理无歧视原则。毕竟，行为人是自己的行为所获利益的最佳判断者，对于理性的标准必要专利被许可人而言，其自愿接受专利许可使用协议的前提，一定是他认为使用被许可专利所能获得的价值要高于其因为使用该专利而支付的许可使用费。[1]

在华为诉康文森案中，康文森主张采用可比较协议法来计算涉案标准必要专利许可使用费，具体为先确定无线星球诉华为案中的涉案标准必要专利在进行全球许可时收取的标准必要专利许可使用费，再根据华为诉康文森案中的涉案标准必要专利和无线星球诉华为案中的涉案标准必要专利的数量差异调整该案涉案专利许可使用费，得出康文森的全球专利许可使用费，再以此为基础得出康文森在中国单独许可涉案标准必要专利应当收取的许可使用费。法院认为，采用可比较协议法计算标准必要专利许可使用费的前提，是被选择的专利许可使用协议具有可比较性。具体

[1] 赵启杉. 标准必要专利合理许可费的司法确定问题研究［J］. 知识产权，2017（7）：13.

到该案而言，包括涉康文森专利包和无线星球专利包具有可比性，二者在数量、质量上要大体相当，对此康文森没有提供足够的证据。其实，两专利包均为受让而来，但转让的主体、内容差异较大。具体来说，无线星球公司是从爱立信公司受让的专利包，康文森是从诺基亚公司受让的专利包，两个专利包中涉及的专利数量、专利质量、专利有效性均不具有可比性，如诺基亚公司专利的标准必要率平均值接近51%，而康文森在该案中提出的专利包中，15 件仅有 1 项为标准必要专利，很显然该案中诺基亚公司的平均标准必要率无法直接适用于康文森的专利包。因为在确定了可比较协议后，接下来就是对可比较协议进行拆解，从中推导出当事人愿意为标准必要专利支付的许可使用费。法院最终认为该案不适合采用可比较协议法来确定符合公平合理无歧视原则的标准必要专利许可使用费。

可见，选择具有可比较性的经营者经自愿平等博弈而达成的商业谈判结果为可比较协议和直接借鉴对象，是一种相对来说更为可能确定出符合公平合理无歧视原则的标准必要专利许可使用费的方法。

（三）可比较协议法的适用要求与难点

可比较协议法的适用要求如下。

一是标准必要专利许可交易的条件基本相同。因为比较法以公平合理无歧视原则中的无歧视要素为基础，即当涉案专利许可使用的范围、专利实施者的销售额等专利交易条件基本一致时，标准必要专利权人对技术标准实施者适用基本相同的专利许可费或费率。如果技术标准实施者被适用的费率差别过大，支付较高专利许可使用费的技术实施者有理由认为受到了歧视待遇，标准必要专利权人未履行公平合理无歧视许可义务。

二是被选择的涉案专利许可使用协议应在自愿协商基础上达成。标准必要专利许可双方自愿达成的许可协议更能体现专利的应有价值。在华为诉IDC案中，我国法院选择苹果公司而不是三星公司作为可比较对象的重要原因，是苹果公司在自愿协商基础上达成涉案标准必要专利公平合理无歧视许可使用协议，而三星公司在诉讼中达成涉案标准必要专利许可使用协议，协议达成基础无法确定是否以完全自愿为基础。

采用可比较协议法确定符合公平合理无歧视原则的标准必要专利许可使用费的难点，主要体现在以下几方面。

一是采用可比较协议法的核心在于从大量的相关协议中选择适合使用的可比较协议，供选择协议的数量要足够多，且尽可能是包括涉案标准必要专利的许可协议，协议生效日期需尽可能接近案件涉诉时间，因此，找到满足条件的可比较协议并不容易。同时，当事人需要举证证明其提供的可比较协议的比较性，这一点极大限制了可比较协议法的适用空间。在司法实践中，法院更倾向于选择经当事人自由协商达成的涉案标准必要专利许可使用协议，并且特别关注许可使用标的的关联性、许可使用条件的相似性及许可使用对象经营状况的近似性。[1]

二是即便有可供选择的可比较协议，以此为基础确定涉案标准必要专利许可使用费依然存在困难。因为公开获得具体的标准必要专利许可使用条款，尤其是具体的许可使用信息并不是一件容易的事情，毕竟基于商业秘密保护需要或者基于保密义务，相

---

[1] 赵启杉．标准必要专利合理许可费的司法确定问题研究［J］．知识产权，2017（7）：17.

关条款往往并不适合公开。更为重要的是，可比较协议中涉及的内容，如被许可专利的数量、专利的价值、许可使用的条件（如许可使用的期间和地域范围）等方面的具体情况很难完全相同，无法直接进行比较。即便可以比较，双方的比较基础即相关的具体许可条款等各种要素需要经过罗列、细化和拆解，才能确保其比较出的涉案标准必要专利许可使用费是正确的，如涉及分期付款的许可、相互交叉许可等，这种对可比较协议的“细化和拆解”需要解决不同的问题，因此，以可比较协议为基础确定涉案标准必要专利许可使用费的过程本身就有很大的难度。

三是确定涉案标准必要专利的贡献率也不容易。例如，在前述华为诉 IDC 案中，需要确定 WCDMA 等技术标准内一共有多少件标准必要专利、有多少件属于 IDC 持有的涉案标准必要专利有多少件、这些专利对相关技术标准及涉案产品的贡献度有多大，这些都没有具体的标准和确定的依据。

二、假想谈判：修正的假设性协商法

修正的假设性协商法即假想涉案双方进行谈判并达成了符合公平合理无歧视原则的涉案标准必要专利许可使用费，又被称为“假想谈判法”，通过模拟在具有公平合理无歧视授权义务下进行假设性双边协议时的情形，逻辑上通过推理得出令专利许可使用双方认可的公平合理无歧视标准必要专利许可使用费，美国法院采用过该方法来确定专利许可使用费。[1] 该法的流程为：确定涉案专利许可使用费的计算基础；确定涉案专利许可使用费的起

[1] Georgia - Pacific v. United States Plywood Corp. 318 F. Supp. 1116 (S. D. N. Y. 1970).

始许可费率；对许可费率进行调整，确定符合公平合理无歧视原则的许可使用费。该法中，常用的一种经济学方法是确定专利权人与技术标准实施者之间的许可使用费谈判区间，专利权人希望得到的标准必要专利许可使用费的最小值构成区间下限，技术标准实施者愿意支付的最大标准必要专利许可使用费构成区间上限。❶

（一）假设性协商法应遵循的原则

假设性协商法的目的是达成符合公平合理无歧视原则的涉案标准必要专利许可使用费。在微软诉摩托罗拉案中，法院遵循了以下几个原则：一是符合公平合理无歧视原则的许可使用费应利于高价值技术标准的制定，符合技术标准的推广实施目标；二是符合公平合理无歧视原则的许可使用费应避免专利劫持及专利许可使用费堆积；三是符合公平合理无歧视原则的许可使用费应被标准必要专利许可交易双方自愿接受，且都能有利可图；四是符合公平合理无歧视原则的许可使用费应基于专利本身的价值，不包括专利进入技术标准后产生的溢价。❷

（二）假设性协商法中协商时间的起点

假设性协商法是假设专利权人与技术标准实施者在发生许可争议之前，在完全自愿、平等和诚信的基础上，像完全竞争市场中的普通买卖双方一样进行谈判，最终达成双方认可的涉案专利

---

❶ 宋文琦．标准必要专利 FRAND 许可费计算方法研究［J］．成都理工大学学报（社会科学版），2020，28（2）：31.

❷ Microsoft Corp. v. Motorola, Inc., 696 F. 3d 872 (9th Cir. 2012).

许可使用费的费率计算方法。

有学者指出，符合公平合理无歧视原则的专利许可使用费是专利权人在技术标准被制定前通过公开竞争谈判所达成的价格，而不是在技术标准实施者被标准必要专利锁定后，专利权人在绝对优势条件下可以攫取的专利许可使用费。[1] 之所以要假定公平合理无歧视专利许可使用费的协商时间，是因为公平合理无歧视原则扮演着阻止专利劫持的角色。专利劫持的风险多出现在技术标准制定之后，表现为专利权人要求高额的专利许可使用费。如果设定的专利许可使用谈判时间早于技术标准采纳专利的时间，就可以避免因专利纳入技术标准而产生的专利权人提高要价风险。但是，并没有能够普遍适用的法律规则对此作出明确规定。

在微软诉摩托罗拉案中，审理法院就是采用假设性协商法确定了涉案标准必要专利公平合理无歧视许可使用费，罗巴特法官明确了假设性协商法计算涉案标准必要专利公平合理无歧视许可使用费的时点，是涉案专利进入技术标准之前，原被告双方通过自愿平等谈判而达成公平合理无歧视许可使用费，选择该时点的原因在于避免标准必要专利权人获得专利基于技术标准而产生的溢价。[2] Innovatio 案中，法院在估算符合公平合理无歧视原则的涉案标准必要专利许可使用费时，使用了修正的假设性协商法，确定双方假设性协商的日期为最早实施 802.11 标准必要专利的

---

[1] SHAPIRO C, VARIAN H R. Information Rules: Strategic Guide to the Network Economy [M]. Boston Massachusetts: Harvard Business School Press, 1998: 103 – 171.

[2] Microsoft Corp. v. Motorola, Inc., 2013 U.S. Dist. LEXIS 60233; Microsoft Corp. v. Motorola Inc, No. C10 – 1823JLR 1, 35 – 40 (W. D. Wash. Aug. 11, 2013).

时间，也即 1997 年。[1]

可见，修正的假想性协商法通过选择双方模拟谈判的时间起点，以尽量排除技术锁定对当事人双方的影响，较好地体现出该方法对符合公平合理无歧视原则的专利许可使用费规则设计。

（三）假设性协商法中的十五要素及其修正

假设性协商法指假想双方谈判时，以假设的事实情况为基础，这些假设的事实情况又以已经直接或间接存在的记录为证据基础，如合理预期的利润率、可能的销售量、正常的经济动机和普遍的商业前景等因素。该法中，法院应在各种相关证据的基础上，考虑在谈判桌前可能出现的各种实际情况。乔治亚太平洋（Georgia – Pacific）要素来源于美国 Georgia – Pacific v. United States Plywood Corp. 案（以下简称“Georgia – Pacific 案”），法院通过 15 项分析因素模拟进行假设性双边协商以决定符合公平合理无歧视原则的专利许可使用费，于是被称为“Georgia – Pacific 十五要素”。Georgia – Pacific 要素考虑涉案专利相对现有技术的进步性及其对消费者选择的影响，以及使用专利技术的零部件占整个产品的价值比，体现出依照专利贡献分配利益的原则，具有极强的进步性和公平性。

Georgia – Pacific 要素所起的主要作用是在假设谈判中出现的，尽管是模拟谈判，但并不是纯粹的逻辑性推理，而要具体考虑当事人双方作为精明的商人在出现类似情况下的市场对抗，主要为了帮助判断标准必要专利许可双方提出的计算涉案专利公平

---

[1] 叶云卿. 美国 Microsoft 案后续发展及其对计算标准专利合理权利金之影响 [J]. 智慧财产评论，2015，13 (1)：1 – 53.

合理无歧视许可使用费的依据是否合理。十五项要素具体为：①能够证明专利权人曾经收取的涉案专利许可使用费；②专利使用人所支付的类似涉案专利许可使用费；③专利许可使用的种类及范围，如是独占许可使用还是普通许可使用；④专利权人用以维护其专利垄断权的市场计划和既定政策；⑤专利许可交易双方之间的商业关系，如双方是否为相同业务领域的竞争对手；⑥出售专利产品对促进专利实施者其他产品销售的影响，该专利技术对带动专利权人其他产品销售的价值；⑦专利的有效期限及专利的许可期限；⑧专利产品的盈利能力及市场普及情况；⑨专利技术相对于可比较旧装置或模式的优势及效用；⑩专利发明的性质及其为使用者带来的好处；⑪侵权人利用本专利技术的程度及任何证明该使用价值的证据；⑫在特定或类似商业领域，通常的专利（或相似专利）许可使用费在专利产品利润或售价中所占的比例；⑬在可实现利润中应当归功于本专利技术的部分；⑭资深专家对该专利价值的意见；⑮专利权人与专利实施者在理性、自愿基础上达成的专利许可协议中，双方可能达成一致的专利许可使用费数额，也即一个谨慎的专利实施者为了制造和销售专利产品，愿意为获得专利许可而支付的使用费数额。同时，该专利许可使用费能保证一个谨慎的专利权人从中获得合理的利润，愿意接受并签订专利许可使用合同。[1]

在微软诉摩托罗拉案中，模拟协商的大致程序与 Georgia - Pacific 案没有大的变化，但法官在具体考量因素上对 Georgia - Pacific 要素进行了修正。因为 Georgia - Pacific 要素产生于非标准必

---

[1] Georgia - Pacific Corp. v. United States Plywood Corp. , 318F Supp1116 (SD NY 1970).

要专利公平合理无歧视许可使用背景下，其中部分要素明显与本案无关联，甚至与公平合理无歧视原则相反。[1] 罗巴特法官认为，法院有必要在修正 Georgia - Pacific 因素的基础上对其予以适用。具体如下：①专利权人对技术标准组织作出公平合理无歧视承诺的情况下，曾经对涉案专利收取的许可使用费；②技术标准实施者曾经为类似的标准必要专利支付的公平合理无歧视许可使用费；③标准必要专利许可使用的范围；④专利技术自身的价值；⑤标准必要专利相较于制定标准时替代技术的优势；⑥在区分专利本身价值及进入技术标准产生溢价的前提下，考虑专利对技术标准及产品的贡献度；⑦在特定商业领域，作出公平合理无歧视承诺的专利权人收取的专利许可使用费在利润或售价中的比例；⑧在可实现利润中应当归功于本标准必要专利的部分；⑨资深专家对该专利价值的意见；⑩在模拟谈判中，专利权人提出的公平合理无歧视许可使用费能避免专利劫持和专利使用费堆积，促进技术标准的推广和使用。[2]

（四）修正的假设性协商法在司法实践中的运用

在微软诉摩托罗拉案的审理中，美国法院首次采用了修正的假设性协商法以确定符合公平合理无歧视原则的涉案标准必要专利许可使用费。[3] 该方法以 Georgia - Pacific 要素为基础，结合标准必要专利进行了修正和优化。具体包括三个方面：一是可比较

---

[1] 如 Georgia - Pacific 因素 4 “专利权人用以维护其专利垄断权的市场计划和既定政策”，明显与公平合理无歧视原则禁止标准必要专利权人实施垄断行为的目的不符。

[2] Microsoft Corp. v. Motorola, Inc., 696 F. 3d 872 (9th Cir. 2012).

[3] Microsoft Corp. v. Motorola, Inc., 2013 U. S. Dist. LEXIS 60233; Microsoft Corp. v. Motorola Inc, No. C10 - 1823JLR 1, 35 - 40 (W. D. Wash. Aug. 11, 2013).

许可使用费的选择，即寻找合适的参照对象；二是确定标准必要专利对技术标准的贡献；三是认定涉诉标准必要专利对侵权产品的重要性。

该案中，法官假设当事人双方就涉诉的 H. 264 和 802. 11 标准必要专利按以下步骤进行模拟谈判，并达成了符合公平合理无歧视原则的涉案专利许可使用费。

第一步，依照前述修正的因素①②⑦，比较涉诉标准必要专利许可交易双方曾经支付或收取的专利许可使用费，以作为衡量涉案专利价值和推导涉案专利许可使用费的基础，大致推算涉案专利许可使用费，又被称为基础许可使用费。

第二步，依照前述修正的因素④⑥⑧⑩，考虑专利对技术标准的价值，以及对微软公司产品的重要程度，调整标准必要专利许可使用费。该案中，法院考察了技术标准 H. 264 及 802. 11 涵盖的专利总数量，确认摩托罗拉公司在这两个技术标准中拥有必要专利，分析了标准的技术水平，以及摩托罗拉公司持有的必要专利对技术标准的贡献。具体说来，在技术标准 H. 264 及 802. 11 中，摩托罗拉公司分别持有 6 个及 11 个标准必要专利，判决书具体分析了涉案标准必要专利共同及单个对各自所在技术标准的贡献度，以及对技术标准实施者微软公司产品的贡献度。

第三步，依照前述修正的因素⑤，考虑技术标准制定前涉案专利相较于类似技术的优势，继续调整涉案标准必要专利许可使用费。简言之，假设性协商法是通过对基础专利许可使用费进行调整得到最终数额的一种标准必要专利许可使用费计算方法。法院最终确定，公平合理无歧视原则下 H. 264 标准必要专利许可使用费为每单位 0. 555 美分至 16. 389 美分。该案对 802. 11 标准

必要专利许可使用费的确定采取了相似方法。❶

修正的假设性协商法在美国产生发展，并被广泛使用。微软诉摩托罗拉案之后，Georgia - Pacific 要素在美国司法裁判中被不断调整和优化，如今已经成为专利许可实务中确定符合公平合理无歧视原则的专利许可使用费的重要方法。修正的 Georgia - Pacific 要素本身具有较大弹性，但较之抽象的符合公平合理无歧视原则的专利许可使用费指导原则，Georgia - Pacific 因素具有更强的可操作性。

遗憾的是，到目前为止，美国法院没有通用的能够依据 Georgia - Pacific 要素计算标准必要专利公平合理无歧视专利许可使用费的公式或方案，因为到底应当通过分析哪些因素来进行双边模拟协商以确定符合公平合理无歧视原则的专利许可使用费仍然存在争议。有学者认为，要素法计算专利的价值是“概率性的”，因为无论是专利权人还是专利被许可人，都无法预知法院的判决对涉案专利是否有效及是否是侵权的最终判定。❷ 而在假设性协商法中，涉案专利被假设为“有效且未侵权”的，计算出来的涉案专利许可使用费当然会高于该专利在没有涉诉时经许可使用双方平等谈判所达成的许可使用费。

三、Top - Down：自上而下法

自上而下法是指在评估特定技术标准中所有必要专利整体许

---

❶ MALDONADO K. Breaching RAND and Reaching for Reasonable：Microsoft v . Motorola and Standard Essential Patent Litigation [J]. Berkeley Technology Law Journal，2014，30（30）：419 -420.

❷ LEMLEY M A，SHAPIRO C. Probabilistic Patents [J]. The Journal of Economic Perspectives，2005，19：75.

可使用费率的基础上，结合标准必要专利持有人持有的专利所占份额来确定标准必要专利许可使用费的计算方法。广东省高级人民法院发布的《关于审理标准必要专利纠纷案件的工作指引（试行）》（2018）将自上而下法作为确定符合公平合理无歧视原则的标准必要专利许可使用费的重要方法，日本专利局发布的《标准必要专利许可审理指南》对此也作出了相应规定。

（一）自上而下法计算标准必要专利许可使用费的步骤

自上而下法计算符合公平合理无歧视原则的标准必要专利许可使用费的公式可以概括为：涉案标准必要专利许可使用费＝技术标准中所有专利的整体许可费×权利人持有的专利占整体专利许可使用费的份额。[1]

采用该方法计算的步骤有三：一是确定技术标准中所有标准必要专利能收取的专利许可使用费的总和，即整体专利许可使用费。确定总体专利许可使用费的价值能够将限定专利的价格在一定的范围内，从而在一定程度上有效避免专利许可使用费堆叠问题。二是确定涉案标准必要专利权人所持有专利的价值在整体标准必要专利价值中所占份额。三是以整体专利许可使用费和涉案专利份额为基础，计算专利许可使用费。

（二）自上而下法在司法实践中的运用

美国的 Innovatio 案和爱立信诉 TCL 案、日本苹果诉三星案、华为诉康文森案均采用了自上而下法来确定符合公平合理无歧视

[1] 郭禾，吕凌锐．确定标准必要专利许可费率的 Top - down 方法研究——以 TCL 案为例［J］．知识产权，2019（2）：58 - 68．

原则的标准必要专利许可使用费。

美国 Innovatio 案中，法院确定符合公平合理无歧视原则的涉案标准必要专利许可使用费为 Wi－Fi 芯片的平均价格×芯片平均利润率×涉案专利对技术标准产品的贡献度。对于 Wi－Fi 芯片的平均价格，法院以 ABI Research[1] 发布的 Wi－Fi 市场数据为基础，采用 1997 年到 2013 年的芯片均价，通过再取平均数的方法得到涉诉专利应付费期间的 Wi－Fi 芯片平均价格为 14.85 美元。对于芯片平均利润，博通（Broadcom）公司 2001 年至 2012 年 Wi－Fi 芯片的单位利润在 9.4%～14.4%，平均利润为 12.1%，最后法院确定涉案 Wi－Fi 芯片利润率为 12.1%。对于涉案专利在技术标准产品中的贡献度，法院不仅依据专利数量来确定，同时参考借鉴了一篇发表于 1998 年的实证分析文章。作者认为，电子专利价值的 84% 是由其前 10% 的专利所贡献。[2] 该案中，法院认定涉案技术标准中共 3000 项标准必要专利，前 10% 为 300 项，原告 Innovatio 公司持有的 23 项专利中的 19 项被确认为对于 802.11 技术标准来说具有中等及中等以上的重要性，应当都处在前 10%。因此，涉案专利对技术标准产品的贡献度为 19÷300×84%，也即 0.0532。据此，法院计算出涉案标准必要专利许可使用费为 14.85×12.1%×0.0532（美元），即 0.0956 美元。[3] 法院认为，应以最小可售单元，即 Wi－Fi 芯片的平均利润为计算整体专利许可使用费的基础，因为原告没有提出计费基

---

[1] 一家全球性的技术情报公司。

[2] SCHANKERMAN M. How Valuable is Patent Protection: Estimates by Technology Field [J]. Rand Journal of Economics, 1998, 29 (1): 77－107.

[3] In re Innovatio IP Ventures, LLC, 921 F. Supp. 2d 903 (N. D. Ill. 2013).

础为终端产品价格的合理性证据。[1]

爱立信诉 TCL 案中，原告爱立信公司持有 2G、3G 和 4G 移动通信标准必要专利，对区域性生产商和全球性生产商收取不同的涉案专利许可使用费。被告 TCL 生产销售的智能手机实施了原告的标准必要专利，但自 2007 年起双方无法达成涉案专利许可使用协议。2014 年 3 月，TCL 向美国加州法院提起诉讼，称爱立信公司在涉案标准必要专利许可中违反了公平合理无歧视原则，请求法院裁定涉案专利许可使用费。TCL 诉称，苹果公司、三星公司支付的涉案专利许可使用费远低于 TCL，爱立信公司要求 TCL 支付的 2G GSM/GPRS、2G EDGE、3G 和 4G 专利组合最低许可使用费分别为每部手机 0.8%、1.0%、1.2% 和 1.5%，TCL 应支付最低 2 美元的保底许可费。爱立信公司则辩称是因为 TCL 手机售价太低，几近于免费赠送。美国法院首次对符合公平合理无歧视原则的标准必要专利包的价格作出了判决，并以爱立信公司持有的标准必要专利数量占比专利池数量作为计算公平合理无歧视专利许可使用费的基础，法院最终认可当事人提出的 4G 标准必要专利包总共收取 6% ~8% 的许可使用费，确定爱立信公司持有涉案技术标准中的 100 多个必要专利，占比 7.5%，远低于诉称的 25%，美国 4G 的许可使用费率为（6% ~8%）× 7.5% = (0.450 ~0.600)%，最终选取 0.450%。2017 年 11 月 8 日，法院作出判决，裁定涉案 2G 标准必要专利在美国、欧洲及其他地区的标准必要专利许可使用费率分别为 0.164%、0.118%

[1] SWANSON D G, BAUMOL W J. Reasonable and Nondiscriminatory (RAND) Royalties, Standard Selection, and Control of Market Power [J]. Antitrust Law Journal, 2015, 73 (1): 1 -58.

及0.90%；3G标准必要专利在美国、欧洲及其他地区的公平合理无歧视许可使用费率分别为0.300%、0.264%及0.224%；4G标准必要专利在美国及其他地区的许可使用费率分别为0.450%及0.314%。[1] 法官没有过多评判涉案专利对技术标准的贡献度。

在华为诉康文森案中，康文森2012年通过购买诺基亚公司获得在欧洲、美国、中国等的无线通信技术的专利包。2014年4月，康文森要求华为公司获得其专利包全球许可。2017年7月，康文森因标准必要专利许可使用费纠纷将华为公司起诉至英国法院。华为公司随即在南京、深圳针对康文森提起确认不侵权和确定专利许可使用费率之诉，同时针对康文森持有的多件中国专利提起专利权无效宣告请求。

华为公司向南京市中级人民法院主张适用自上而下法来确定符合公平合理无歧视原则的标准必要专利许可使用费。法院按照"单族专利的中国许可使用费=技术标准在中国的行业累积费率×单族专利的贡献占比"来计算，采纳全球累积整体费率2G、3G为5%，4G为6%~8%。但考虑到中国手机在市场格局、竞争态势的具体情况，全球累积整体费率不适合直接适用于中国。法院最终认定中国4G标准行业累积费率为3.93%~5.24%，3G为2.17%，2G为2.17%。法院在计算中国标准必要专利总族数时采信了某知识产权咨询公司的统计数据，4G共2036族，3G共1218族，2G共517族。法院使用中国累积费率除以总族数来计算单族专利的许可费率，4G为（3.93~5.24)%÷2036=(0.0019~0.0026)%，3G为2.17%÷1218=0.0018%，2G为2.17%÷517=0.0042%。中国有效的4G、3G、2G标准必要专

[1] Ericsson INC. v. TCL. case No. 2：15-cv-00011-RSP.

利分别为 1 件、0 件、0 件，中国标准必要专利总的许可使用费为 0.0042% ×0 +0.0018% ×0 +（0.0019 ~0.0026）% ×1 =（0.0019 ~0.0026）%。考虑到移动终端产品同时使用 2G、3G、4G 技术，专利技术对产品的贡献度不同，2G/3G/4G 专利包的许可费率 = 0.0042% × N_2 × 权重 + 0.0018% × N_3 × 权重 +（0.0019 ~0.0026）% × N_4 × 权重，取权重为 2G、3G 10%，4G 80%，多模终端产品的许可使用费率 = 0.0042% ×0 ×10% +0.0018% ×0 ×10% +（0.0019 ~0.0026）% ×1 ×80% =（0.0019 ~0.0026）% ×80% =（0.0015 ~0.0022）%。[1]

（三）适用自上而下法的优缺点

采用自上而下法来确定符合公平合理无歧视原则的标准必要专利许可使用费具有几个优点。

一是有效防止专利许可使用费堆积。当单独的标准必要专利许可使用费的总和超过所有标准必要专利的价值时，就发生了专利许可使用费堆积。美国联邦贸易委员会指出，纳入技术标准的专利技术与其最佳替代方案之间的增值差额，是技术标准实施者在谈判中应予支付的合理许可使用费的上限，法院判决的专利许可使用费不应高于该上限。[2] 自上而下法先确定总体专利许可使用费率，再根据涉案专利的占比进行分摊，能保证单个专利收取

---

[1] 江苏省南京市中级人民法院（2018）苏 01 民初第 232、第 233、第 234 号民事判决书。

[2] Federal Trade Commission. The Evolving IP Marketplace：Aligning Patent Notice and Remedies with Competition [EB/OL].（2011 - 03 - 10）[2021 - 12 - 13]. https：//www. ftc. gov/reports/evolving - ip - marketplace - aligning - patent - notice - remedies - competition.

的许可使用费之和不会超过所有标准必要专利的价值之和，从而有效解决专利许可使用费堆积的问题。附带的，自上而下法还具体确认了实施技术标准时涉案必要专利的贡献，避免了忽视或弱化没有发生争议的其他标准必要专利的贡献。

二是有效防止专利劫持。技术标准的公共属性使得相关市场的生产者只能选择使用标准所覆盖的专利技术，此时就产生了“技术锁定”。专利权人在相关市场中得到了充分的议价能力，还常通过请求法院颁布禁令救济阻止技术标准实施者的生产、经营活动，逼迫其接受自己提出的不符合公平合理无歧视原则的标准必要专利许可使用协议。标准必要专利权人的这种凭借相对优势获得高于正常专利技术应有合理利润的现象，就是所谓的专利劫持。自上而下法先确定所有标准必要专利的总价值，每个标准必要专利权人获得的是总价值的一定百分比，能有效避免专利劫持现象。

采用自上而下法确定符合公平合理无歧视原则的标准必要专利许可使用费，同时也面临着挑战。一方面，确定所有标准必要专利的整体使用费并不容易。整体使用费是同一技术标准中所有必要专利的许可使用费总额，如果以实际履行协议为数据基础，则大多数标准必要专利许可使用协议因保密等原因很少对外公开披露许可使用费，这就导致标准必要专利整体许可使用费的准确性难以保证。例如，在 TCL 诉爱立信和三星诉苹果案中，法官均只能通过援引公开信息的方式确定标准必要专利整体许可使用费。在华为诉康文森案中，审理法院通过使用中国行业累积费率与技术标准在中国市场上的价值之间的比例等于国际上主要市场上行业累积费率与技术标准在国际主要市场上的价值之间的比例的方法来间接计算标准必要专利许可使用费。[1]

另一方面，量化每个标准必要专利对技术标准和相关产品的贡献度很难。专利贡献度本身就很含糊，再加上与其他不容易定量的因素混在一起，在没有合理的数据通用公式计算结果佐证的情况下，很难准确区分每一样专利的贡献度。实践中的案件大多是假设技术标准中的每一件专利均具有相同的价值，如在无线星球诉华为案和三星诉苹果案中，均是假设每一项专利具有相同的价值，这与客观事实肯定是偏离的。因为技术标准中的每个标准必要专利的技术含量和贡献度不可能完全一致，同一样技术对不同产品的贡献度也会有所区别。

四、一站式许可：专利池法

专利池是两个以上的标准必要专利权人将其专利共同打包许可，按专利对专利池的贡献分配专利许可使用费。专利池法是指在确定符合公平合理无歧视原则的标准必要专利许可使用费时，参考具有借鉴价值的专利池许可使用费。通常情况下，专利池的许可使用费率只是作为参考，而不是直接采用，因为专利池许可使用费本身并不是符合公平合理无歧视原则的标准必要专利许可使用费。此外，专利池成员身份不同，持有的专利价值也有区别，因此专利池许可使用费的可参照性甚至低于可比较协议法，但是专利池汇集了不同标准必要专利权人的专利，可以为下游技术标准实施者提供“一揽子许可”，而不必逐一谈判获得每一个专利权人的许可，提高了交易效率，同时节约了交易成本，专利

---

[1] 罗孟昕．公平合理的标准必要专利许可费计算方法探析［J］．竞争政策研究，2021（6）：72－84．

权人按照入专利池时签订好的协议分配方案获得专利许可使用费❶，技术标准实施者也更愿意接受。前文我国广东省高级人民法院发布的《关于审理标准必要专利纠纷案件的工作指引（试行)》和日本专利局发布的《涉及标准必要专利许可的指南》对适用专利池法作了规定。

实践中，专利池许可使用费常被作为可比较的许可使用费用来参照。例如，在微软诉摩托罗拉案中，法官认为被告摩托罗拉主张许可使用费均不适合作为参考对象，相关专利池的许可使用费是合适的参考对象。最后，法院选择涉案专利加入的 MPEGLA H. 264 专利池许可协议作为该案的可比较协议。主要原因有三：一是有证据证明 MPEGLA H. 264 专利池在许可费金额确定上，努力构建专利池中专利技术提供者与实施者之间的平衡，既激励高价值专利进入专利池，又确保专利实施者愿意使用专利池技术；二是 MPEGLA H. 264 专利池已经与专利实施者达成了广泛的许可，应当不存在专利劫持和专利使用费堆积，在一定程度上说明该专利池许可使用费具有相对公平合理性；三是 MPEGLA H. 264 专利池包含着 H. 264 标准中的重要技术，为保证标准必要专利权人加入，其许可使用费不可能过低。❷ 可以看出，MPEGLA H. 264 专利池许可使用费的确定原则比较符合法官在解决该案时提出的几项原则，是确定被诉 H. 264 标准必要专利许可使用费的合适参考的理想对象。❸

---

❶ LEMLEY M A, SHAPIRO C. Probabilistic Patents [J]. The Journal of Economic Perspectives, 2005, 19: 75.

❷ 张吉豫. 标准必要专利“合理无歧视”许可费计算的原则与方法——美国“Microsoft Corp. v. Motorola Inc.”案的启示 [J]. 知识产权, 2013 (8): 25-33.

❸ Microsoft Corp. v. Motorola, Inc., 696 F. 3d 872 (9th Cir. 2012).

当然，MPEGLA H. 264 专利池许可使用费应当是符合公平合理无歧视原则的涉案标准必要专利许可使用费的最低限。当标准必要专利的许可使用费参考专利池许可使用费时，存在三个问题。一是专利池的低许可使用费不利于技术标准的制定实施，尤其是对技术标准贡献度越高的专利，其权利人加入专利池的动力往往越低。因为，专利池运营具有许可使用费价格低的特点，只有足够低的许可使用费才能吸引专利实施者加入，过高的专利池许可使用费可能引发反垄断调查。二是专利池在分配利益时，只考虑专利数量，不考虑特定标准必要专利对技术标准或标准产品的贡献。三是专利池不考虑专利进入技术标准产生的溢价。即便如此，专利池许可使用费对于该案确定合理的标准必要专利许可使用费具有重要的参考价值。法院在该案判决书中指出，涉及 H. 264 标准的标准必要专利所组成的专利池，其专利许可使用费应低于原被告双方谈判所达成的费率。微软公司自认，按该专利池许可使用费获得授权后，其获得的利益是支付的专利许可使用费的 3 倍。据此，法院将 MPEGLA H. 264 专利池许可使用费提高至原来的 3 倍，每单位约 0. 555 美分，作为原被告双方本可能协商达成的费率。同时，该专利池许可使用费上限为 1. 5 美元每单位，摩托罗拉公司若为会员，将分得每单位 5. 463 美分许可费，其 3 倍即 16. 389 美分，为标准必要专利许可使用费上限。[1]

专利池法的优缺点相对明显，优点在于易于被当事人双方接受，适用该方法有利于提高效率，缺点在于专利池法往往未必能独立适用，需要结合可比较协议法作为参照适用对象。

---

[1] Microsoft Corp. v. Motorola, Inc. , 696 F. 3d 872 (9th Cir. 2012).

第二节　确定标准必要专利许可使用费的考量因素

不同的考量因素对最终确定的标准必要专利许可使用费产生直接影响，为此，有学者认为假设性协商法中所依赖的十五要素不可靠。华为诉IDC案中，法院在考量总量控制、专利劫持及专利许可使用费堆积三个因素外，还考虑了另外两个因素。一是符合公平合理无歧视原则的标准必要专利许可使用费，必须有利于技术标准的推广实施；二是确定符合公平合理无歧视原则的标准必要专利许可使用费，应当保证高价值标准必要专利权人能够得到合理的经济回报，维持技术标准的先进性。我国法院在确定符合公平合理无歧视原则的标准必要专利许可使用费时，应着重考虑以下几个因素。

一、专利劫持与反向专利劫持

标准必要专利许可纠纷案中，法院在颁发禁令救济前需认定专利劫持或反向专利劫持，但这对法院来说并不容易。如果标准必要专利权人在许可谈判前就寻求禁令救济，专利劫持很容易被识别出来。然而在诸多案件中，专利劫持是否存在是模棱两可的，往往取决于对符合公平合理无歧视原则的专利许可使用费的解释。尽管对所有的技术标准产业参与者来说，专利劫持带来的是不利后果；对技术标准组织和专利权人来说，专利劫持很可能破坏专利使用者投资实施技术标准的事前激励风险；对技术标准实施者来说，专利劫持可能放大许可使用费堆积问题，进一步增加实施技术标准的成本。[1]

(一) 专利劫持

专利劫持是标准必要专利权人利用市场优势地位，在标准必要专利许可交易中获得高额专利许可费的行为。换句话说，就是实施专利劫持行为的标准必要专利权人，利用技术标准的公共属性收取超过专利价值的许可使用费。近年来，在与专利和标准化有关的经济政策讨论中，专利劫持已经成为重要内容。最初，专利劫持是由专利埋伏行为引起的，即在技术标准制定过程中，专利权人在履行专利披露义务时，存在不披露或不完全披露专利信息的欺骗行为，引导标准组织采纳该技术。[2] 当技术标准使用者实施了技术标准，已经付出不可逆的成本之后，专利权人开始指控标准实施者侵犯了标准必要专利权，要求实施者支付高额的标准必要专利许可使用费，而此时标准实施者的议价能力已经发生了转移。[3]

技术标准的公共产品属性，让标准必要专利权人在公平合理无歧视许可使用谈判中具有相对市场优势地位。标准必要专利权人当然不得滥用技术标准市场的优势地位以实施专利劫持行为。应保证技术标准实施者能够获得符合公平合理无歧视原则的标准必要专利许可使用证，因为对于技术标准实施者来说，只有取得

---

[1] LERNER J, TIROLE J. Standard – Essential Patents [J]. Journal of Political Economy, 2015, 123 (3): 547 – 586.

[2] LEMLEY M A, SHAPIRO C. Patent holdup and royalty stacking [J]. Texas Law Review, 2007, 85 (7): 1991 – 2049.

[3] SCOTCHMER S. Standing on the Shoulders of Giants: Cumulative Research and the Patent Law [J]. Journal of Economic Perspectives, 1991, 5 (1): 29 – 41.

了专利许可使用证才能进入技术标准产业。标准必要专利权人不得凭借优势地位实施专利劫持行为，拒绝提供专利许可，法律保护技术标准实施者能得到使用专利技术的权利。其实，使用者支付专利许可使用费实施技术标准，能够赚取巨大的经济利益。

其实，标准必要专利权人具有的强大议价能力，是因为必要专利不可逆地与技术标准捆绑在一起，任何技术标准实施者生产标准产品都需要先获得专利许可证。也就是说，标准实施者自始就被锁定在技术标准上。毕竟，在标准必要专利许可使用之前，标准实施者不是考虑发展另一种可供替代的标准，而是按照技术标准的要求投入不可逆转的资金，如技术研发投入或生产设备购买。因此，标准必要专利权人能凭借技术标准获得比不进入技术标准更高的专利许可使用费。[1]

然而实践中并没有认定专利劫持行为的统一标准，如标准必要专利权人收取高于标准必要专利价值本身的溢价是否属于专利劫持行为？司法实践中法院的看法也不一致。Ericsson v. D－link案确立了标准必要专利许可使用费不应包括专利因为进入技术标准而产生的附加价值这一原则，CSIRO 诉思科案重申，标准必要专利的价值只是该专利本身的价值，不包括因具备技术标准公共属性而产生的溢价。我国法院在华为诉 IDC 案中同样认为，标准必要专利权人的贡献是技术创新，而不是技术的标准化。因此，专利权人获得的专利许可使用费只是对技术创新的回报，符合公平合理无歧视原则的标准必要专利许可使用费，不应包括专利进入技术标准所产生的溢价。但是，在英国法院审理的无线星球诉

---

[1] FARRELL J，HAYES J，SHAPIRO C，et al. Standard－setting Patents and Hold－up [J]. Antitrust Law Journal，2007，74（3）：603－670.

华为案中，法院认为标准必要专利权人寻求由于专利被纳入技术标准而产生的溢价，并不属于专利劫持行为。❶

专利劫持下的许可行为区别于一般的专利许可行为。关于专利劫持的文献大多是理论方面的，在缺乏实证支持的情况下，确定专利劫持因素的参考度应当更为谨慎。❷ 专利劫持主要包含两层意思：一是标准必要专利权人预期违反公平合理无歧视许可承诺，技术标准实施者因为采纳标准而被绑定后，专利权人要求收取明显较高的、超出实施者所预期的专利许可使用费。此种情况下是否存在专利劫持，将取决于权利人要求的许可使用费是否明显高于最终确定的公平合理无歧视许可使用费。二是标准必要专利权人违反公平合理无歧视许可承诺的行为，如滥用禁令救济。禁令救济的颁发将大大提高专利权人的讨价还价能力，造成技术标准实施者的持续性损失。❸ 实践中，专利权人常使用禁令救济之威胁，要求的专利许可使用费不仅覆盖专利技术本身的价值，还包括专利因进入技术标准而产生的溢价。

（二）反向专利劫持

公平合理无歧视原则认可标准必要专利权人获得合理的专利许可使用费，规制反向专利劫持。按照理论上的分析，标准必要专利权人在专利许可使用谈判中占有绝对的优势地位，被技术标准组织要求作出公平合理无歧视许可声明，以保护其他利益诉求

---

❶ Unwired Planet v. Huawei，EWHC，HP－2014－000005，5 April 2017.

❷ ANAND B，KHANNA T. The Structure of Licensing Contracts [J]. Journal of Industrial Economics，2000，48 (1)：103－135.

❸ SHAPIRO C. Injunctions，Hold－Up，and Patent Royalties [J]. American Law and Economics Review，2010，12 (2)：509－557.

方的权利。然而在实践中却出现了另一种情况，那就是技术标准实施者策略性地利用公平合理无歧视原则，以标准必要专利权人违反公平合理无歧视许可义务为借口先提起诉讼，或者拖延标准必要专利许可使用费谈判时间，这种行为属于反向专利劫持。

同专利劫持概念不同，反向专利劫持的提出不是经济学文献，而是标准必要专利权许可诉讼中的律师、法官和利益相关者。[1] 反向专利劫持又被称作 FRAND 劫持[2]，是技术标准实施者借口公平合理无歧视原则，不支付符合公平合理无歧视原则的标准必要专利许可使用费，且在实施标准必要专利的同时，恶意拖延许可谈判时间或率先发起诉讼的一种现象，导致标准必要专利许可中的利益平衡偏离标准必要专利权人的利益太远。毕竟，同普通专利权人相比，标准必要专利权人严格受到公平合理无歧视原则的约束，不能轻易提请禁令救济。技术标准组织已经意识到，限制标准必要专利权人的谈判能力不能过度，如果标准必要专利权人缺乏回收技术开发成本的利益激励，则高成本、高难度的技术标准难以推出。[3]

反向专利劫持常因技术标准实施者本身具有较强的市场竞争和谈判能力而引发。例如，在西电捷通诉索尼案中，原被告之间进行了长达五年的谈判，却未能就标准必要专利许可使用费率达成一致协议。尽管被告先后多次调整其标准必要专利许可费报价，但均未能满足原告的要求。还有恶人先告状的，苹果公司惯

---

[1] JACOB R. Competition Authorities Support Grasshoppers：Competition Law as a threat to Innovation ［J］. Competition Policy International，2013，9（2）：15 -29.

[2] 欧美国家称为 Frand Hold - up。

[3] SCHALLOPM J. The IPR Paradox：Leveraging Intellectual Property Right to Encourage Interoperability in the Network Computing Age ［J］. AIPLA Q. J.，2000，28（3）：235.

常利用专利法律制度，达成拖延案件审理进程的效果，其在全球陷入的多起标准必要专利许可诉讼就是最好的例证，如 2014 年日本东京高等法院作出终审判决的苹果诉三星案。苹果公司要求三星公司告知其他被许可人支付的标准必要专利许可使用费率，但遭到了拒绝，于是提出无法判断三星公司提出的标准必要专利许可使用费报价是否符合公平合理无歧视原则。为了支付更低的标准必要专利许可使用费，苹果公司主动向法院提起诉讼，指控三星公司滥用标准必要专利权。

的确，如果标准必要专利权人因为作出了公平合理无歧视许可使用声明，就只能获得符合技术标准实施者所认为的符合公平合理无歧视原则的专利许可使用费，那么苹果公司的拖延战术就真的奏效了。试想，技术标准实施者一直在实施标准必要专利，但同时拒绝支付专利许可使用费，还提出无效专利申请乃至诉讼，声称权利人要求收取的标准必要专利许可使用费违反了公平合理无歧视原则。面对旷日持久的诉讼，规模小、资金少、实力弱的标准必要专利权人很可能会知难而退，选择放弃或者接受苹果公司提出的条件。而与此同时，苹果公司作为技术标准实施者，却在诉讼未决期间正常实施涉案专利并获利，即便最终被判令支付高于其期待的专利许可使用费，收益仍然大于损失。

其实，反向专利劫持不仅破坏标准必要专利许可使用市场谈判机制，降低标准必要专利权人投资技术标准的动力，还迫使法院变为确定标准必要专利价格的主体，但法院往往难以完成该任务。毫无疑问，反向专利劫持主要侵害标准必要专利权人的利益，消耗许可交易双方的精力，可能造成司法权威的损害和司法资源的浪费。可以说，标准必要专利权人获得专利许可使用费的最大障碍是反向专利劫持。技术标准实施者违反公平合理无歧视原则，极可能构成法院颁发禁令救济的基础。

专利劫持与反向专利劫持行为的出现，归根结底是因为其中一方在谈判中具有强势地位，标准必要专利权人希望得到远高于符合公平合理无歧视原则的专利许可使用费，技术标准实施者希望支付远低于符合公平合理无歧视原则的专利许可使用费。无论是专利劫持行为，还是反向专利劫持行为，均是法律不允许的，都应当受到公平合理无歧视原则的制约。

二、专利许可使用费堆积

许可使用费堆积又称权利金堆积，是指多个标准必要专利权人收取专利许可使用费，造成技术标准实施者不得不支付过多的专利许可使用费，如支付同一技术标准产品的合计专利许可使用费，超出实施该技术标准可能获得的利益，或超出产品本身的价值。[1] 简言之，即技术标准实施者因实施技术标准而向该标准中的多个专利权人支付许可使用费，所有专利权人收取的专利许可使用费之和超过技术标准中的整体专利许可使用费。司法实践中，法院认为符合公平合理无歧视原则的专利许可使用费应当避免许可使用费堆积。例如，施乐公司遭遇美国联邦贸易委员会反垄断调查案就设定了最高专利许可使用费率，以限制专利使用费堆积，专利许可使用费最高为被许可人每件产品净收入的0.5%，累计最高可达每件产品的1.5%。[2] 在微软诉摩托罗拉案中，罗巴特法官指出，至少有九十多家企业持有802.11标准必

[1] LEMLEY M A, SHAPIRO C. Patent Holdup and Royalty Stacking [J]. Tex. L. Rev., 2007, 85 (7): 2010-2013.

[2] Xerox Corp., 86 F. T. C. 364 (1975).

要专利，如果所有企业都收取摩托罗拉公司要求的整机价格的1.15%～1.73%，那么仅标准必要专利许可使用费就超过了整个手机价格。因此，摩托罗拉公司要求的涉案专利许可使用费不符合公平合理无歧视原则。[1] 可以认为，专利许可使用费堆积是影响技术标准采纳和消费产品定价的潜在重要因素。

法院对避免专利许可使用费堆积的正当性问题进行了充分论证。在微软诉摩托罗拉案中，法官指出，作为技术标准实施者的微软公司，不仅需要获得被告摩托罗拉公司的专利许可使用授权，还需要获得该技术标准中其他专利权人的许可使用授权。如果技术标准实施者按照专利权人要求的付费条件向不同的权利人支付专利许可使用费，很可能出现所支付的专利许可使用费远远大于实施技术标准所能获得的利润。如此一来，将不利于技术标准的制定和推广实施。因此，在促进标准必要专利权人获得合理经济回报的同时，应当尽量避免专利许可使用费堆积。在华为诉IDC案中，法院指出，同一个技术标准中常常包含多个标准必要专利，任何一个专利权人只能在许可使用费总额限制下收取应得的许可费。

三、总量控制

总量控制是指标准必要专利权人收取的符合公平合理无歧视原则的专利许可使用费，不能超过技术标准产品利润的一定比例。因为产品利润是由资金、技术、劳动等共同创造的，标准必要专利只是创造产品利润的因素之一。因此，符合公平合理无歧视原则的专利许可使用费当然小于涉案产品的总利润。

---

[1] Microsoft Corp. v. Motorola, Inc., 2013 WL 5373179.

总量控制能有效解决专利许可使用费堆积问题，即设定标准必要专利最高许可费。随着技术标准中融入的专利数量不断增多，实施技术标准的专利许可使用费成本逐渐增加，所有专利许可使用费叠加将给技术标准实施者带来沉重的经济负担，可能阻碍技术标准的推广实施。为避免由此带来的损害，有必要解决专利许可使用费堆积问题。

设定标准必要专利最高许可费是可行的，但如何设定，目前并没有统一的方案。例如，VITA 专利政策要求潜在的标准必要专利权人事先设定最高专利许可使用费率，但在实践中存在两个问题。一是只是事先对某个潜在的标准必要专利设定最高许可费率。当技术标准中有多个必要专利且分属不同的专利权人时，由各个最高许可费率叠加形成的标准必要专利许可使用费依然很高。二是完全由专利权人设定标准必要专利最高许可费率，所设定的最高费率是否合理值得怀疑。即便如此，VITA 专利政策积极推动形成符合公平合理无歧视原则的专利许可使用费的态度值得肯定。笔者认为，我国法院在审理相关案件时，所确认的涉案侵权产品中专利许可使用费率总和不应超过商品利润的一定比例，计算某个涉案专利使用费时，参考其技术贡献度。

四、促进技术标准推广实施

技术标准组织的存在及标准必要专利权人获利，均以技术标准的推广实施为基础。技术标准实施者作为最重要的参与者，其合法利益的保护同样重要。简单说来，就是技术标准实施者在支付标准必要专利许可使用费之后还有利可图，生产技术标准产品有利可图。其实，标准必要专利许可使用费直接影响着技术标准产品的潜在利润。如果无利可图，实施者通常会停止实施技术标准。例如，在假设性谈判中，总有可能突破双方的底线而导致谈判不能成功。一旦标准必要专利权人愿意接受的最低专利许可使用费高于技术标准实施者愿意支付的最高专利许可使用费，模拟谈判必然破裂。在此情况下，美国法院往往选择支持标准必要专利权人愿意接受的最低专利许可使用费，而不支持技术标准实施者愿意支付的最高专利许可使用费。因为在美国法院看来，只有标准必要专利权人愿意接受的最低专利许可使用费，才可能充分补偿专利权人的创新投入及可能受到的损害，达成专利权人愿意参与技术标准化活动的激励效果。英国法院同样支持对技术标准实施者收取较低的专利许可使用费以促进技术标准的推广实施，在无线星球诉华为案中，法院并不要求专利权人与所有情况相似的不同技术标准实施者达成相同的专利许可使用条款，也就是说，法院不会以违反非歧视原则为由，干涉标准必要专利权人向某个技术标准实施者收取低于基准费率的专利许可使用费，除非专利许可使用费的差异导致两个标准实施者之间竞争的扭曲。

因此，确定符合公平合理无歧视原则的标准必要专利许可使用费，不仅需要考虑专利技术本身的价值及其对技术标准终端产品的贡献度，更要考虑确定的标准必要专利许可使用费不会阻碍技术标准实施者采用技术标准。[1]

五、保证高价值专利权人能获得合理回报

符合公平合理无歧视原则的标准必要专利许可使用费，意味着专利许可费足以回报专利权人的技术创新投入。技术标准的生

---

[1] CARY G S, HAYES P S, WORK - DEMBOWSKI L C. Antitrust Implications of Abuse of Standard - Setting [J]. Geo. Mason L. Rev., 2008, 15: 1251.

命力来源于技术上的持续创新，毕竟，任何好的技术标准都处于持续改进中，从来都不是一劳永逸的。例如，高通公司从2G时代就开始从全产业链关联中提升新的标准，在取得首个技术标准后，开放地接纳其他模块上的技术，从而形成了码多分址无线通信技术技术大联盟。所以说，标准必要专利许可使用费必须远远高于专利研发成本，充分保证高价值专利的权利人能够获得足够多的专利许可使用费，使专利权人愿意将所持专利纳入技术标准，从而既保证技术标准的先进性，又保证权利人有能力抵御研发风险，并能通过技术研发获得经济效益。

六、专利因进入技术标准而产生的溢价

符合公平合理无歧视原则的标准必要专利许可使用费只应反映专利本身的价值，即以专利进入技术标准之前的价值作为评判其许可使用费符合公平合理无歧视原则的基础，专利因进入技术标准而产生的溢价不在公平合理无歧视原则的专利许可使用费之内。毕竟，制定技术标准的目的是通过特定技术规范的推广和普及，提高社会效率，实现社会公共利益，专利权人不应从中受益。同时，需将技术标准产品切分出功能性部分，以分辨专利技术的使用部分及使用程度，并在此基础上确定符合公平合理无歧视原则的专利许可使用费。

七、其他因素

一是修正的假设性协商法中考虑的Georgia - Pacific要素，如涉案专利对技术标准的技术贡献度、涉案专利曾经收取的公平合理无歧视许可使用费、涉案专利自身的价值。二是专家、证人的意见。建议借鉴日本向社会公开征求意见的做法。三是标准必要

专利的总计数量及其时效性、地域性。[1] 专利技术是否独一无二，应将专利回授及交叉许可、许可使用费支付时间[2]等纳入综合考量因素。此外，如果专利权人要求签订特殊条款，应附具体的理由以证明其并非超越公平合理无歧视原则允许的限度。

毋庸置疑，确定符合公平合理无歧视原则的标准必要专利许可使用费非常复杂，并不是一件简单、容易的事情，仅依靠专利劫持或专利使用费堆积等空洞的理论，或分析涉案专利对终端产品的技术贡献价值，显得确定标准必要专利许可使用费的依据过于抽象，不能令人信服。如果能结合市场数据进行定量分析，进而计算出标准必要专利许可使用费，应更容易被接受。遗憾的是，目前尚无计算符合公平合理无歧视原则的标准必要专利许可使用费的公式，也没有精准评价前述考量因素的重要性及其所占百分比的具体标准。

第三节 确定我国标准必要专利许可使用费的建议

符合公平合理无歧视原则的标准必要专利许可使用费是在具有利益冲突关系的专利权人与专利使用人之间达成的利益最优分配。笔者认为，为保证法院确定的标准必要专利许可使用费符合公平合理无歧视原则，应重点解决以下几个问题。

---

[1] BARON J, PENTHEROUDAKIS C, THUMM N. FRAND Licensing in Theory and in Practice: Proposal for a Common Framework [EB/OL]. (2016-09-16) [2021-12-13]. https://papers.ssrn.com/sol3/papers.cfm?abstract_id=2839476.

[2] 斯格特. 关于专利法律与政策的经济学 [M] //竹中俊子. 专利法律与理论. 彭哲，沈旸，徐明亮，等，译. 北京：知识产权出版社，2013：2-62.

一、明确双方展开标准必要专利许可协商的时间

标准必要专利许可双方当事人对于专利许可使用费的协商时间没有统一规定，有人主张在专利进入技术标准前，有人主张在专利进入技术标准后。在美国的司法裁判中，法院假定双方协商的时间为专利进入技术标准前，或为标准实施者初次实施涉案专利的时间。在苹果诉摩托罗拉案中，理查德·珀斯纳（Richard Posne）法官假定双方协商涉案专利许可使用费的时间为专利纳入技术标准的日期，而不是第一次实施技术标准的日期。在 Georgia - Pacific 案中，法院假定双方假设性谈判为首次侵权产品制造时。其实，原告在首次制造侵权产品时，被告在相关纹杉胶合板领域没有任何实质性的竞争，其商业价值没有受到损害。从原告开始生产侵权产品至大约两年后，侵权产品成为给生产者带来可观利润的大众化商品。[1] 可以发现，法院假定的谈判时间不是专利已经能产生效益的时间。

实践中，部分权利人在技术标准制定时就作出专利许可使用费声明。例如，5G 全球移动通信标准形成于 2018 年，正式商用在 2020 年。爱立信公司作为潜在的标准必要专利权人之一，已在各大移动通信巨头中带头公开宣布，将对高低档终端设备固定收取每部 5 美元及 2.5 美元的标准必要专利许可使用费。尽管不同于以往按整机售价的一定比例收取专利许可使用费模式，爱立信公司认为该费用是符合公平合理无歧视原则的 5G 标准必要专利许可使用费。无论如何，该许可使用费能为其他 5G 标准必要

---

[1] Georgia - Pacific Corp. v. United States Plywood Corp. , 318F Supp1116 (SD NY 1970).

专利权人及潜在的技术标准实施者提供参考。因此，建议我国法院选择的当事人双方协商涉案专利许可使用费的时间，为专利被纳入技术标准之前。

二、个案确定标准必要专利许可使用费的计算基础

符合公平合理无歧视原则的标准必要专利许可使用费的计算基础，应以最终产品售价为计算基础，还是以最小可售单元售价为计算基础，一直存有争议。

所有的标准必要专利权人都会面临产品供应链问题，且都愿意以最终产品售价作为计算符合公平合理无歧视原则的涉案标准必要专利许可使用费的基础。通常，标准必要专利许可使用费涵盖专利产品净销售价格的一定百分比。在此规则之下，专利权人为了最大化可能收取的专利许可使用费，会尽量避免向低价零部件生产商提供专利许可使用，努力寻求向终端产品生产商或者以最高价售出产品的专利实施者提供许可使用。[1] 毫无疑问，这是商业活动中竞争获利的需要，也是专利权人正常行使专利权的需要。毕竟，专利权人总是希望自己能够基于专利获得更多的经济回报，而少去考虑被许可人处于产品供应链的哪一环。但是，当专利权人作出了公平合理无歧视许可承诺，这种做法是否应当受制于该许可承诺声明，并不清晰。有学者提出，标准必要专利权人拒绝向低价零部件供应商提供专利许可，违反了公平合理无歧视原则，构成对市场竞争主体的歧视。[2] 美国联邦上诉法院在微

[1] Quanta Computer, Inc. v. LG Electronics, Inc. 553U. S. 617 (2008).

[2] CARLTON D, SHAMPINE A. An Economic Interpretation of FRAND [J]. Journal of Competition Law and Economics, 2013, 9 (1): 536 - 545.

软诉摩托罗拉案中采纳了这一观点，认为摩托罗拉公司应当履行其对 ITU 作出的公平合理无歧视许可承诺。[1] IEEE 的专利政策同样采纳了该观点。然而，标准必要专利权人却认为，他们拒绝向零部件供应商提供专利许可，并没有违反已经作出的公平合理无歧视许可承诺。[2] 因为向零部件供应商的下游客户提供专利许可，就是在间接地向零部件供应商提供许可。当然，目前还没有标准必要专利权人公开宣称，拒绝向特定的技术标准实施者[3]提供专利许可符合公平合理无歧视原则的要求。很明显，专利权人拒绝向零部件供应商提供许可，源于从分销链中获取最高专利许可使用费的欲望，而不是更加倾向于允许某个技术标准实施者使用自己的专利。

但是，技术标准实施者更愿意以最小可售单元作为计算符合公平合理无歧视原则的专利许可使用费的基础。最小可售专利实施单元的观点在多元件产品专利案中被提出，其适用以分割原则为前提。《美国专利法》规定，专利损害赔偿金不以侵权产品的售价，仅以产品中侵害专利的部件售价为基础计算损害赔偿额；合适的专利侵权损害赔偿金，绝不可少于侵权人应当支付的合理专利许可使用费，为分割原则成为最小可售单元的主导性规则提供了法律支撑。所谓分割原则，是指合理的专利侵权损害赔偿金，必须反映专利技术的价值，该价值并非产品的全部价值，只是被侵权专利所指向的部分产品价值。[4] 也就是说，分割意味着

---

[1] Microsoft Corp. v. Motorola, Inc., 696 F. 3d 872, 884 (9th Cir. 2012).

[2] Ericsson v. D－Link, Case No. 6: 10－CV－473, 2013 U. S. Dist. LEXIS 110585 (E. D. Tex. Aug. 6, 2013).

[3] 主要指零部件供应商。

[4] Ericsson v. D－Link.

将涉案专利所蕴含的价值从整个产品中分离出来。[1] 其实，分割原则并不是一个新规则。早在1884年，美国联邦最高法院提出，专利权人应当提供可以证明应否区分专利零部件与专利最终产品的客观真实证据，尤其当专利权人主张损害赔偿金的计算基准为终端产品时，必须举证说明终端产品的价值归于涉案专利的技术贡献。当年，美国联邦最高法院就因为专利权人未提供分割专利零部件与整体产品的证据，而认定专利权人要求的损害赔偿金缺乏足够的证据支持。在法院看来，如果只是可分割的专利零部件涉嫌侵权，而以终端产品为基础计算专利损害赔偿金，将会导致专利权人获得非侵权产品部分的经济赔偿，这是不正当的。[2]

目前，美国法院要求专利权人区分专利对最终产品及其零部件的技术贡献，以便明确专利侵权行为人因侵犯专利权而获得的利益。在案件的裁判中，除非存在特殊情况[3]，否则，美国法院倾向于选择以最小可售单元为计算涉案专利公平合理无歧视许可使用费的基础。在美国的主导下，以最小可售单元为计算基础得到了广泛认可。IEEE于2015年修改专利政策，要求标准必要专利权人按照“最小可售单位”计算专利许可使用费。此前，诺基亚、摩托罗拉、高通、爱立信等厂商一直是以手机的整机销售价格为计算标准必要专利许可使用费的基础，如摩托罗拉公司长期收取终端产品净销售价的2.25%作为标准必要专利使用费。法院认为，完全不顾及涉案专利是否对终端产品的收益作出了贡献，以及所作出的贡献度的大小，而只要求披露终端产品的整体

---

[1] VirnetX v. Cisco.

[2] Garretson v. Clark, 111 U.S. 120, 121, 4 S. Ct. 291, 28 L. Ed. 371 (1884).

[3] 即专利权人能充分证明，作为可销售终端产品的价值合理且合法的归因于涉案专利的技术贡献。

价值，对于确定合适的专利损害赔偿金并无裨益。[1] 实践中，法院裁决的专利损害赔偿金计算基础，是涉案专利所指向的可分离出来的产品零部件价值，而非整个产品价值。

在 CSIRO 诉思科案中，思科公司因认为地方法院不应以最终产品而应以最小可售单元作为符合公平合理无歧视原则的标准必要专利许可使用费的计算基础而提起上诉。美国联邦巡回上诉法院指出，最小可售单元原则并不适宜在所有的案件中适用，计算专利许可使用费若以最小可售单元为基准，必须符合严格的限制条件，因为专利的价值在于技术方案本身，而不在于该技术方案被运用时产生的最小可售单元，仅依据芯片的价格确定标准必要专利公平合理无歧视许可费，只是考虑了产品的物质生产成本，并未提供实现专利实际价值的途径。案中的上诉人思科公司制造销售的 Wi – Fi 芯片本身并非涉案专利产品，被上诉人 CSIRO 持有的涉案专利因侵权严重而导致 Wi – Fi 芯片贬值。可见，如果以 Wi – Fi 芯片价格作为专利许可费的计算基准，既不能客观反映涉案专利的价值，也不具有合理性。因此，最小可售单元并非是计算专利公平合理无歧视许可使用费的唯一基准，应当结合个案采用不同的标准必要专利许可使用费计算基础。

如果以最小可售单元作为计算符合公平合理无歧视原则的标准必要专利许可使用费的基础，那么专利权人必须将专利改进部分显著地与产品其他部分区分开，以明确专利对零部件的贡献。其实，这种损害赔偿额计算方法存有较大难度。因为产品的市场价值与各个零部件之间的价值关系本来就不清晰，而且，产品的市场价值并不是每个部件零售价格的简单相加。对于当事人来

---

[1] Uniloc USA, Inc. v. Microsoft Corp., 632 F. 3d 1292, 1320 (Fed. Cir. 2011).

说，证明一件产品中某个零部件对应的专利价值并不容易，需要以市场调查为基础的大量经验性数据，还需要结合具体案情。在标准必要专利许可使用纠纷中，当事人往往需要区别涉案专利对终端产品及零部件的技术贡献，并在此基础上提出专利许可使用费。因此，法院在确定符合公平合理无歧视原则的标准必要专利许可使用费时，计算基础以最小可售单元为原则，以终端产品售价为例外。即当专利权人能充分证明可销售终端产品价值合理合法的归因于涉案专利的技术贡献时，适用终端产品价值为计算许可使用费的基础，否则，适用最小可售单元售价为计算基础。

三、慎重选择确定标准必要专利许可使用费的可比较协议

司法实践中较多采用可比较协议法来确定符合公平合理无歧视原则的标准必要专利许可费，这种方法主要有两点优势。一是与其他计算方法相比，竞争市场形成的协议费率更具有可比性。可比较协议法是以企业间过往通过商业手段达成的许可费授权协议为参照，来对比目前争议的标准必要专利许可情况，进而计算出争议的标准必要专利许可使用费。基于可比较协议法所对比的协议直接反映了有意愿的许可方和有意愿的被许可方在公平、独立的条件下通过谈判所达成的协议，据此推定的许可使用费更符合商业客观实际，也更具有可操作性。二是由于可比许可协议的达成是在双方自愿的情况下签署的，更符合市场化原则，更能反映当事人的真实意愿，其计算结果会更具有真实性、关联性和说服力。

可比较协议直接影响最终确定的标准必要专利许可使用费数额，因而选择可比较协议是一个非常重要的步骤。通常情况下，可优先从下列两种专利许可协议中选择。一是涉案标准必要专利

参与组建的专利池许可协议。在微软诉摩托罗拉案中，法院认为标准必要专利许可使用费的价格应高于专利池价格，且应以专利池价格的三倍为宜。[1] 二是基本相同交易条件下的涉案专利许可使用协议。在无线星球诉华为案中，法院要求，作为被比较的涉案专利许可协议，应当是与同一个标准必要专利权人最近达成的许可协议，其中，技术标准实施者应当与专利权人具有大致相同的讨价还价能力。[2]

如果没有前两种可比较协议供选择，但有其他能够反映涉案专利价值的协议，也可作为可比较协议予以参考，CSIRO 诉思科案就是例证。美国联邦巡回法院认为应当重新评价被告提出的 CSIRO 与 Radiata 协议修订版本，但地区法院认为 CSIRO 与 Radiata 关系特殊，涉案专利许可使用在 CISCO 与 Radiata 的协议中只是很小部分，而且该协议中的涉案专利许可使用条款只是早期推广技术标准时的协商结果，因此不打算选择它作为可比较协议。但是，联邦巡回法院却认为这份协议是唯一实际的专利许可使用费协议，不仅签订时间与假定谈判时期相同，在涉案专利进入技术标准之前达成，而且协议以芯片价格作为公平合理无歧视原则下的涉案标准必要专利许可使用费的基础。法院最终确定该协议为可比较协议予以参考，可见，司法裁判中要慎重选择适合的可比较协议。

四、充分融合可比较协议法与自上而下法

可比较协议法和自上而下法有各自的优点与劣势，确定符合

---

[1] Microsoft Corp. v. Motorola, Inc. , 696 F. 3d 872 (9th Cir. 2012).

[2] Unwired Planet v. Huawei, EWHC, HP - 2014 - 000005, 5 April 2017.

公平合理无歧视原则的标准必要专利许可使用费时，可综合运用二者之所长。司法实践中有案例将二者融合，以自上而下法为主估算整体费率和专利贡献度，以可比较协议法作为辅助工具，适当调整自上而下法的计算结果，使最终结果更加公平、合理，达到减少误差的效果。

具体来说，就是先使用自上而下法计算出符合公平合理无歧视原则的涉案标准必要专利许可使用费，再运用可比较协议法中依据可比较协议确定的费率调整基于自上而下法确定的涉案专利许可使用费，同时对双方在专利许可谈判中是否存在歧视行为进行判断。例如，在 UP 诉华为案中，法院先用可比较协议法确定涉案专利许可使用费，并以此倒推出总的专利许可使用费。在 TCL 诉爱立信案中，一审判决中美国法院以本国专利为起点，根据涉案专利费率及布局比例确定欧洲及其他地区的费率，再通过可比较协议进行交叉验证，同时采用自上而下法计算出符合公平合理无歧视原则的涉案专利全球组合许可使用费区间。[1] 无论是哪一种结合方式，均是对两种方法的混合使用。

可见，虽然自上而下法和可比较协议法均有劣势，但融合二者同时使用时，交叉验证所确定的涉案专利许可使用费结果，可在一定程度上降低可比较协议法因适用中的苛刻条件而不能广泛使用的情形，增强法院确定的涉案标准必要专利许可使用费的客观合理性。

---

[1] 祝建军. 标准必要专利全球许可费率司法裁判问题研究 [J]. 知识产权，2020 (10)：3－12.

五、个案选择确定标准必要专利许可使用费的计算方法

标准必要专利许可使用费纠纷案件有些是以确认专利侵权或不侵权的案由提起，标准必要专利权人主张专利侵权时选择的法律依据主要是专利法，但技术标准实施者常常以标准必要专利定价不公平合理或差别定价违反合同法、反垄断法的规定为抗辩理由，导致专利侵权纠纷与合同纠纷、反垄断纠纷交织在一起，从而使标准必要专利许可使用费纠纷的解决需要综合运用专利法、合同法和反垄断法。通常来讲，在合同纠纷或者专利侵权纠纷中，需要对符合公平合理无歧视原则的标准必要专利许可使用费进行定量分析，而在反垄断纠纷中，需要对符合公平合理无歧视原则的标准必要专利许可使用费进行定性分析。正因为引起纠纷的缘由不同，对计算方法的需求不同，实践中，需要根据纠纷类型来选择与适用计算标准必要专利许可使用费的方法。

简言之，要根据个案的具体情况选择与适用符合公平合理无歧视原则的标准必要专利许可使用费计算方法，这不仅意味着不同类型的标准必要专利许可使用费纠纷的解决可以选择不同的计算方法，也意味着同一类型的标准必要专利许可使用费纠纷的解决也可以选择不同的计算方法，前述几种确定专利许可使用费的方法还可以进行不同的排列组合与改进。

本章小结

本章通过梳理确定符合公平合理无歧视原则的标准必要专利许可使用费的几种方法，具体包括可比较协议法、修正的假设性

协商法、自上而下法和专利池法，比较不同方法的优劣及其在司法实践中的具体运用，对影响较大的因素如专利劫持与反向专利劫持、专利许可使用费堆积、总量控制、促进技术标准推广实施、保证高价值专利权人能获得合理回报、专利因进入技术标准而产生的溢价等法律问题进行了具体分析后，认为确定符合公平合理无歧视原则的标准必要专利许可使用费，应当明确双方展开标准必要专利许可协商的时间、个案确定标准必要专利许可使用费的计算基础、慎重选择确定标准必要专利许可使用费的可比较协议、个案选择确定标准必要专利许可使用费的计算方法。

第五章

标准必要专利许可使用中禁令救济规则的适用

禁令救济是一种可供标准必要专利权人选择的有效防止其未来损失继续和扩大的维权策略，可有效规制标准必要专利许可中的反向专利劫持行为。对于技术标准实施者来说，禁令救济往往能达成一剑封喉的效果，不得不说，禁令救济是标准必要专利权人持有的名副其实的高杀伤力武器。如果标准必要专利权人因为作出公平合理无歧视许可承诺声明就丧失了获得禁令救济的权利，无异于被拔掉牙齿的老虎。禁令救济规则适用与否，是标准必要专利许可纠纷中的重要问题，不仅决定着标准必要专利权人与技术标准实施者在专利许可谈判中的地位，而且影响着符合公平合理无歧视原则的标准必要专利许可使用费的高低。

第一节　禁令救济规则的适用情形

禁令救济是指在标准必要专利许可纠纷中，专利权人向法院申请颁发禁止标准实施者继续实施涉案专利技术的救济形式。在反向专利劫持中，技术标准实施者往往缺乏谈判诚意，常借口标准必要专利权人违反了公平合理无歧视原则，故意拖延专利许可谈判时间，或提起诉讼迫使专利权人降低专利许可使用费。

对于在标准必要专利许可谈判中缺乏诚信和善意，实施反向专利劫持的技术标准实施者，必须让其头顶悬有利剑。以西电捷通诉苹果案为例，苹果公司采取拖延策略，即使在寻求涉案专利无效已被驳回的情况下，仍然继续起诉，且拒不支付专利许可使用费。其实，这并不是个案，苹果公司在全球多个国家卷入类似的标准必要专利许可纠纷。但是，苹果公司与诺基亚公司在欧洲发生诉讼时却选择快速和解。究其原因是在诺基亚公司与苹果公司的其他类似诉讼中，诺基亚公司申请的禁令救济得到几个国家的支持。可见，禁令救济的颁发对于类似苹果公司的强势技术标准实施者具有实际效果。

一、当事人拒不履行法院裁决的涉案标准必要专利许可使用费

法院裁决涉案标准必要专利许可使用费后，当事人双方有义务履行生效法律裁决。在无线星球诉华为案中，英国法院指出，如果华为公司拒不接受法院裁决的涉案专利全球许可使用费率，将会颁发禁令救济。法院认为，原告无限星球公司作为标准必要专利权人具有市场支配地位，但是，原告在诉讼之前申请禁令救济，在诉讼之中主张禁令救济，且坚持要求与被告华为公司达成全世界范围专利许可协议，不属于滥用市场支配地位的行为。以申请诉前禁令为例，尽管欧洲法院在华为诉中兴案中确立了标准必要专利许可使用谈判框架，要求标准必要专利权人在提起侵权诉讼之前，提供专利许可协商机会，或提前通知技术标准实施者侵犯标准必要专利的具体情况。该案中，虽然无限星球公司未提前通知华为公司将提起禁令救济，但此前无限星球公司已与华为公司进行过沟通，因此无限星球公司的起诉行为不属于滥用市场支配地位的行为。而且，无限星球公司向法院申请禁令救济，并不是为了拒绝许可，也不是为了要求垄断性高价，只是为了继续与华为公司进行涉案标准必要专利许可使用谈判。最重要的是，在提起禁令救济之后不久，无限星球公司向华为公司提供了包括

专利许可使用费在内的具体条款，这进一步表明，作为原告的标准必要专利权人的无限星球公司没有拒绝许可涉案专利的行为。因此，被告华为公司无权作出无限星球公司滥用市场支配地位的竞争法抗辩。

华为公司为了阻止英国法院颁发禁令救济裁定，作出了两方面承诺：一是在上诉期间或上诉失败的情况下，愿意按照法官的判决向原告支付涉案专利许可使用费；二是如果上诉法院未裁定新的涉案专利许可使用费率，愿意接受官伯斯法官裁决的涉案专利许可使用费。同时，华为公司还提出，法官裁决的涉案专利许可使用期限只到2020年，但该涉案专利有效期到2028年，一旦法院针对该专利颁发禁令，华为公司将在2020年之后的专利许可谈判中处于极为不利的地位。即便如此，官伯斯法官最终还是颁发了禁令救济，或许是因为华为公司作出的两点承诺太晚了。此外，法院认为本案颁发的禁令救济具有一般效力，但持续时间只到专利许可使用协议失效，而非专利失效；法院同意该禁令救济裁定在华为公司上诉期间停止生效。

二、技术标准实施者在专利许可谈判中缺乏诚信和善意

德国橙皮书标准案[1]是标准必要专利许可纠纷中禁令救济规则适用的转折点。德国联邦最高法院对标准必要专利权人的禁令救济申请与技术标准实施者的反垄断法抗辩关系进行了细致分析，开创性地提出了在标准必要专利许可纠纷案中适用反垄断法

[1] 由于飞利浦公司持有的标准技术指标发布在名为“橙皮书”的出版物上，相关标准因此被称为“橙皮书标准”。

抗辩禁令救济请求的具体条件，是技术标准实施者具有足够的诚信和善意的表现。❶

（一）诚信善意的内涵

橙皮书标准案中，涉案专利存在于事实标准中，案件争议的专利并没有进入技术标准。德国联邦最高法院认为，如果涉案专利是进入相关市场的必要条件，专利权人寻求禁令救济不具有合理性，因为禁令救济的颁发将产生拒绝专利许可的后果；如果专利实施者进行强制许可抗辩，则必须具有足够的诚信和善意。该案中，被告从两方面体现出其作为侵权行为人具有足够的诚信和善意：一是向专利权人提出了真实、合理且易于被接受的要约，该要约包括专利许可使用费、授权范围等必备要素，且该要约提出的专利许可使用费应达到或高于符合公平合理无歧视原则的标准必要专利许可使用费的最高限度，或提请法院裁决所提出的专利许可使用费的合理性；二是专利实施者预期履行合同义务，具体如向专利权人提供能证明自己使用涉案专利及获取利益的财务账单，以便原告查证，审慎合理地判断并足额准备涉案专利许可使用费，在专门的托管账户上存入专利许可使用费保证金。❷ 德国法院在后续相关案件的处理中援引了该案确立的禁令救济适用规则的基础上，逐步提高了技术标准实施者阻却标准必要专利权人获得禁令救济的门槛，如在欧洲标准必要专利许可纠纷领域具

---

❶ 赵启杉. 竞争法与专利法的交错：德国涉及标准必要专利侵权案件禁令救济规则演变研究［J］. 竞争政策研究，2015（2）：83－96.

❷ German Federal Supreme Court，6 May 2009，KZR 39/06－“Orange－Book－Standard”.

有里程碑意义的华为诉中兴案。[1]

标准必要专利许可使用纠纷中，双方当事人在许可谈判中的“诚信和善意”决定着禁令救济规则的适用与否。微软公司在我国商务部公告中承诺，对收购的诺基亚公司专利不寻求禁令救济的前提，是技术标准实施者在专利许可谈判中具有善意。在标准必要专利许可专利谈判中，无论是标准必要专利权人，还是技术标准实施者，都应该遵循私法中的“诚实信用”帝王原则，相互之间秉持诚信、善意的态度，磋商标准必要专利许可使用费。与善意相反的是恶意，主要有以下表现形式：在法院调查期间实施迂回策略；不当使用调查程序；不遵守规定的最后提交期限；错误的引用；遗漏实质证据等影响法院获得完整信息及对案件有效、有序的安排。

（二）司法实践对诚信和善意的评判

实践中是以何标准评判双方当事人对于专利许可使用谈判的诚信和善意的？通常认为，技术标准实施者在标准必要专利许可使用谈判中实施的不合理拖延属于缺乏善意；技术标准实施者在专利许可使用谈判中没有不合理拖延的情况下，愿意将因为标准必要专利权人提出的许可使用条件是否符合公平合理无歧视原则而可能引发的争议，交由双方均接受的独立裁决机构，接受裁决结果的约束，并以裁决结果为基础签订专利许可使用协议，支付以裁决结果或许可使用协议为基础产生的赔偿金和许可使用费属于善意。例如，在西电捷通诉索尼案中，法院支持了原告提出的

---

[1] 赵启杉．竞争法与专利法的交错：德国涉及标准必要专利侵权案件禁令救济规则演变研究［J］．竞争政策研究，2015（2）：83－96.

停止侵权请求，向被告颁发了禁令救济。其主要原因就在于作为被告的索尼公司借口种种，导致双方迟迟未能开始正式的专利许可使用谈判，其故意拖延谈判的行为正是缺乏善意的表现，具有明显过错。法院指出，原告西电捷通公司向技术标准组织作出了愿意与所有的技术标准实施者在公平合理无歧视条件下协商专利许可的声明，被告作为潜在的涉案专利实施者，基于对原告作出的公平合理无歧视许可声明实施涉案专利，具有合理基础，但是，被告应善意履行支付涉案专利许可使用费的义务。法院认为，应以确认标准必要专利许可协商中的过错方为前提，判定是否应当同意专利权人申请的禁令救济。具体说来，如果双方都无过错，或者专利权人有过错而技术标准实施者无过错，禁令救济请求不应获得支持；如果专利权人没有过错而技术标准实施者有过错，禁令救济请求应获得支持；如果双方均有过错，应基于双方过错的大小平衡双方利益，决定是否颁发禁令救济。❶

其实，即便是同一个国家的不同法院，对同一个案件中当事人的同一个行为是否符合诚信和善意亦有不同的判定。例如，德国法院首次判决的标准必要专利许可纠纷案——意大利息思维有发责任公司（Sisvel）诉海尔案，原告 Sisvel❷ 是一家非专利实施

❶ 西电捷通诉索尼案，(2015) 京知民初字第 1194 号。

❷ Sisvel 是一家意大利专利经营实体（NPE）公司，其通过购买、囤积旧的通信专利来“敲诈”其他手机通信企业，获取高额专利许可费。这家公司非常熟悉我国消费电子领域及家电领域，很多手机厂商都曾被 Sisvel 多次在欧洲恶意“起诉”，均都要求判决全球专利费率以及禁售令。

主体（NPE）[1] 公司，购买了诺基亚公司转让的对于 UMTS 和 GPRS 移动通信技术标准是必要的 MP3、MPEG Audio 专利，被告海尔公司生产销售的手机和平板电脑产品实施了上述专利。2012 年至 2013 年，Sisvel 曾多次通知海尔公司缴纳专利许可使用费。2014 年，海尔公司仍拒绝签署 Sisvel 提出的书面专利许可使用协议，也未针对涉案专利向 Sisvel 提出反要约。同年 9 月，Sisvel 向德国杜塞尔多夫地区法院提起诉讼，指控海尔公司侵犯专利权，要求其支付涉案专利许可使用费，并同时向法院提出禁令救济申请。2015 年，在杜塞尔多夫地区法院审理过程中，Sisvel 继续提出专利许可使用要约，海尔公司主张 0.012% 的专利许可使用费，认为 Sisvel 要求从 0.15 欧元到 0.50 欧元的专利许可使用费不合理。法院查明，海尔公司生产的手机和平板电脑使用了 Sisvel 持有的专利技术，但没有遵循欧洲法院在华为诉中兴案中确立的善意谈判规则，未及时履行回应原告要约的义务。

对于海尔公司在谈判中未及时回应的事实是否构成了谈判中的非诚信善意行为，德国杜塞尔多夫两级法院的理解恰恰相反。地区法院认为可以判定海尔公司没有诚信善意参与公平合理无歧视谈判的义务，因为原告 Sisvel 已经充分履行了通知义务，也提出了书面要约。在 Sisvel 拒绝海尔提出的反要约之后，海尔公司本应及时回应 Sisvel，停止使用涉案专利或向 Sisvel 支付专利许可使用费，或通过提存、缴纳保证金为履行涉案专利许可义务提

---

[1] Non－Practicing Entities 的简称，指作为专利权人的个人、独立发明者或实体，或仅从事知识产权管理活动的实体，在相关法律规定的范围内，通过进行技术创新或购买收购获取专利，或仅管理专利，本身不以该专利制造生产产品，待真正使用该专利且欠缺该专利权并在商业上成功的公司具备侵权行为时，以专利诉讼或授权来向目标对象索取巨额的权利金、和解金或赔偿款以获取利润。

供担保，但海尔公司却过了很长的时间才作出回应及愿意担保的意思表达。因此，海尔公司没有做到及时的诚信回应，没有为获得专利许可尽力，有拖延涉案专利许可谈判之嫌。高级州立法院则认为，只有当专利权人先履行了欧盟法院对其提出的要求，提醒专利侵权，指出侵权依据，并提供包含符合公平合理无歧视原则的具体专利许可使用费及计算方式的要约，专利实施者才需要履行欧盟法院对其提出的要求。该案中，Sisvel 虽然向海尔公司发出过三封信，但却不能实际达成专利许可要约。因此，地区法院向海尔公司颁发了停止侵权禁令，而高级州立法院则裁定中止执行该禁令救济。

深圳市中级人民法院审理的华为诉三星案，法院以确定原被告双方无法达成标准必要专利许可协议使用的过错方为基础，决定是否适用禁令救济规则。法院认为，双方在交叉专利许可使用谈判中，原告华为公司没有明显过错，被告三星公司有明显过错。具体说来，在程序方面，三星公司将技术标准中的所有专利打包谈判，违反了公平合理无歧视原则，三星公司还恶意拖延谈判，不接受仲裁，具有明显过错；在实体方面，三星公司与华为公司在全球通信领域标准必要专利实力相当，在中国，华为公司强于三星公司，即便如此，三星公司向华为公司要求了三倍于华为公司向三星公司要求的许可使用费率，有明显过错。法院最终颁发了禁令救济，且允许双方，若达成涉案专利许可使用协议，可不执行禁令救济条款。

（三）专利许可谈判中诚信善意行为的具体表现

专利许可使用谈判中的诚信和善意体现在一系列行为中，谈判过程千变万化，很难有具体的条件可以罗列。在华为诉中兴案中，华为公司和中兴公司同为 ETSI 成员，作出了公平合理无歧视许可承诺声明，两公司均持有 LTE 标准必要专利，华为公司认为其持有的 EP2 090 050 B 1 号专利为标准必要专利。自 2010 年 11 月起，华为公司要求中兴公司支付符合公平合理无歧视原则的专利许可使用费，中兴公司则意欲寻求与华为公司达成专利交叉许可使用协议。截至 2011 年 4 月，双方未达成一致协议。[1]华为公司向德国杜塞尔多夫地区法院提起诉讼，在指控中兴公司侵犯其标准必要专利权，要求中兴公司提供销售数据，支付经济损害赔偿的同时，向法院提出了禁令救济申请。德国地区法院经初步审理后，认为中兴公司涉嫌实施侵犯专利权的行为成立。但是，欧盟委员会在三星及摩托罗拉诉苹果两个案件中持有的观点不同于德国联邦最高法院于橙皮书标准案中确立的禁令救济适用规则。2013 年 3 月，德国杜塞尔多夫地区法院中止华为诉中兴案的审理，并就如何在该案中适用禁令救济规则提请欧洲法院，该院最终没有颁发禁令救济。

该案中，德国杜塞尔多夫地区法院向欧盟法院提出了五个具体问题：一是作出公平合理无歧视承诺的专利权人在技术标准实施者愿意进行许可使用谈判的情况下，是否有权寻求禁令救济；二是如果前述寻求禁令救济的行为可能构成滥用市场支配地位，如何从时间和质量上具体要求技术标准实施者的谈判进程；三是技术标准实施者提出无条件要约，是否为认定标准必要专利权人寻求禁令救济是构成滥用市场支配地位行为的必要条件；四是前述情况下，技术标准实施者提出的要约应满足何种条件，如符合

[1] Huawei v. ZTE, 2013, Regional Court of Düsseldorf, Federal Republic of Germany, Case No. 4b O 104/12.

专利权人的利益或为履行合同提供担保金；五是标准必要专利权人要求损害赔偿、召回侵权产品等是否构成滥用市场支配地位。[1]

2015 年 7 月，欧盟法院针对前述五个问题作出了回答，具体解释了标准必要专利权人及技术标准实施者在专利许可使用谈判中的义务，指出双方义务的履行情况直接影响着禁令救济规则的适用与否，对标准必要专利许可使用谈判中禁令救济规则的适用条件进行了明确。与德国橘皮书标准案相比，该案中欧盟法院的观点对技术标准实施者更为有利。法院认为，标准必要专利权人在谈判中应履行两项义务：一是提醒专利实施者已涉嫌侵权的义务，需具体指出其侵犯的专利及侵权的方式，并提供相应依据；二是向专利实施者提供符合公平合理无歧视原则的、明确的专利许可使用费及计算方式的具体要约。技术标准实施者作为专利使用方，应履行以下几项义务：一是如果愿意接受专利权人提出的符合公平合理无歧视原则的许可条件并继续实施涉案专利，则应立即回应专利权人提供的专利许可协议，不得拖延；二是如果不能接受专利权人提出的许可条件，则必须在短期内向其提出符合公平合理无歧视原则的反要约；三是如果专利实施者继续使用涉案专利，但提出的反要约被标准必要专利权人拒绝，则应提供合适的担保，如向银行提存足够金额的保证金；四是专利实施者可以指明在专利侵权的前提下愿意接受专利权人提出的许可条件，但同时保留对侵权及涉案专利有效性的质疑，也就是说，涉案专利无效或不属于标准必要专利，仍然是专利实施者在诉讼中的抗辩理由。

---

[1] Huawei v. ZTE, CJEU, 20 November 2014, Case C－170/12.

欧盟法院的前述解释具化了双方的权利义务，为规范双方在标准必要专利许可及诉讼中的行为设置了规则，对于防止专利权人滥用市场支配地位，规制专利使用人可能实施的反向专利劫持行为，具有合理和有效性。例如，标准必要专利权人提醒侵权行为人、指出侵权方式、提供侵权依据，可在一定程度上避免专利权人的滥诉行为，因为专利权人负有在正式起诉时提供涉案专利被实施者侵权的相关证据。实践中，标准必要专利实施者常被告知侵犯了包括几十乃至几百件专利的全部专利包，容易导致谈判阻碍。毕竟，接受整个专利包侵权不合理，而不接受则需要逐一分析，大多数专利实施者难以承受如此巨大的工作量。因此，法院安排由标准必要专利权人先提出涉案专利许可要约是合理的。试想，当缺乏公开的涉案专利许可使用协议，而标准必要专利权人已与其他实施者达成了非公开专利许可使用协议，由负有诚信义务的专利权人自行检查并提出符合公平合理无歧视原则的要约条款，比专利实施者提出要约的可实践性更高。

在华为诉中兴案中，欧盟法院通过明确禁令救济规则的适用条件，细化涉案专利许可谈判中诚信义务的履行。可以发现，欧盟法院对于双方义务的设置合理且有趣，整个谈判过程就像打球。标准必要专利权人作为销售方先发球，即主动告知侵权并提出涉案标准必要专利许可书面要约，也就是说，专利权人寻求禁令救济应在善意前提下，不属于恶意主张[1]；技术标准实施者接到球后予以回应，接受，或者不接受但提出反要约。对技术标准实施者提出的反要约，如果标准必要专利权人接受，则打球结束；如果不接受，则专利实施者应设法解决，如提供善意的、合

[1] 此处的恶意主张，是指标准必要专利权人滥用市场支配地位寻求禁令救济。

理的担保。毕竟，专利实施者使用了涉案标准必要专利，涉嫌侵犯专利权，但没有支付专利许可使用费。而且，如果标准必要专利许可使用谈判永远都不能达成协议，损害的是专利权人的利益。换句话说，双方的谈判之球，不能毫无休止地打下去。

英国法院前不久判决的 Optis 诉苹果案中，提出了四点意见。一是承诺接受公平合理无歧视许可协议是避免法院颁发禁令救济的条件；二是无论技术标准中的专利实施者在任何阶段拒绝作出接受对方认为符合公平合理无歧视原则的许可条件，都不会永久性地丧失再次获得公平合理无歧视许可的权利；三是法院颁发的禁令形式为禁止技术标准实施者继续实施涉案专利，除非其接受公平合理无歧视许可；四是即使标准必要专利权人在许可使用谈判中实施了不利于竞争的行为，也不会必然导致其不能获得禁令救济，因为相对于禁令救济保护来说，损害赔偿这一补救并不充分。

（四）诚信和善意标准必要专利权人不收取过高涉案专利许可使用费的义务

三星诉苹果案是日本高等法院审理的第一起标准必要专利许可使用纠纷案件。当事人三星公司与苹果公司曾在美国发生过标准必要专利许可使用纠纷，并被国际贸易中心（ITC）调查。日本法院在全球范围内率先直面了一个问题：如果标准必要专利权人主张的专利许可使用费高于法院最终确定的符合公平合理无歧视原则的涉案专利许可使用费，并同时提请禁令救济，是否应予支持？答案是，若构成滥用专利权的垄断行为，则不支持签发禁令救济。

苹果公司生产的手机和平板电脑实施了三星公司持有的

UMTST 部分标准必要专利，三星公司于 2007 年 8 月向 UMTST 作出了公平合理无歧视许可承诺。三星公司要求苹果公司支付专利许可使用费，苹果公司认为没有使用三星公司所主张的专利技术。双方无法就涉案专利许可使用费达成一致意见。2011 年 4 月，三星公司在日本东京区法院起诉苹果公司，指控其侵犯专利权，要求损害赔偿并申请了禁令救济。苹果公司提出反诉，指控三星公司违反了涉案专利许可使用谈判中的诚信义务，对其作出公平合理无歧视承诺的标准必要专利要求的损害赔偿金，高于符合公平合理无歧视原则的许可使用费，属于权利滥用。苹果公司诉称其曾于 2011 年 4 月底表示愿意向三星公司一次性支付标准必要专利许可使用费，2011 年 7 月，三星公司提出了几乎与使用专利的基带芯片价格相同的专利许可使用费，价格过高。在后来的谈判中，三星公司一直没有提出合适的专利许可使用费建议。此外，苹果公司一直要求三星公司说明其所要求的涉案专利许可使用费的计算依据，但直至 2013 年 5 月，三星公司都没有提供能使苹果公司确认其要求的涉案专利许可使用费符合公平合理无歧视原则的任何信息。对此，三星公司回应称，苹果公司从来没有诚意接受涉案专利许可使用，三星公司也从没有要求过高的专利许可使用费。因为三星公司在 2012 年 4 月曾经明确通知苹果公司愿意提供公平合理无歧视许可，并请苹果公司提出合适的符合公平合理无歧视原则的涉案专利许可使用费。在该案中，苹果公司被指严重缺乏诚信的谈判态度，一直实施涉案专利却不支付任何费用，假装一直在寻求涉案专利交叉许可。

2013 年 2 月，东京区法院判决认定，三星公司要求苹果公司支付的专利损害赔偿金高于基于涉案专利符合公平合理无歧视原则的许可使用费，属于专利权滥用。三星公司不服上诉，日本高等法院于 2014 年 5 月判决苹果公司支付 9 955 854 日元损害赔偿金，按 5% 的年利率支付自 2013 年 9 月 28 日起的利息，两级法院最终没有支持三星公司提出的禁令救济申请。

可见，在标准必要专利许可使用诉讼中，专利权人可对技术标准实施者申请禁令救济，勒令停止实施涉案专利。技术标准实施者可控诉标准必要专利权人违反了公平合理无歧视原则，实施了专利劫持行为。禁令救济规则的适用，是为了以谨小慎微的平衡方式，兼顾双方的利益和社会公共利益。无须多言，标准必要专利交易双方在专利许可谈判中的主观态度，如自愿、诚意、勤勉或拖延，对禁令救济规则的适用会产生不同的影响。

标准必要专利权人和技术标准实施者虽然有利益冲突，但既然同时贡献于同一个产业，二者之间的利益冲突只是相对的，而合作共赢却是绝对的。如果二者在标准必要专利许可使用费的协商中，均能以善意为出发点，诚信谈判，那么，实践中此类诉讼纠纷将会大幅减少，出现技术研发、技术实施、技术应用的良性循环。而在此良性循环中，人类社会终将受益于技术创新和进步，技术创造者和实施者也将因市场做大而共同受益。

第二节　禁令救济规则司法适用的域内外现状

当前，对于向标准必要专利实施者颁发禁令救济，世界各国都变得愈加严格和谨慎。因为从本质上来说，禁令救济与技术标准的推广实施相冲突。尽管在实践中，限制颁发禁令救济已经在客观上导致标准必要专利许可使用费大幅下降。在标准必要专利许可使用纠纷中，专利权人是否可以申请禁令救济、应否获得禁令救济，技术标准组织及不同国家持有不同观点。

一、技术标准组织设定了严格的禁令救济规则适用条件

大多技术标准组织开始关注禁令救济规则的适用问题，讨论和修订知识产权政策。如 ITU、ETSI 均讨论过公平合理无歧视许可承诺与禁令救济规则适用之间的关系。2015 年 2 月，IEEE 率先对标准必要专利权人寻求禁令救济应满足的条件作出规定：已对 IEEE 作出公平合理无歧视许可承诺的专利权人，不得在标准必要专利许可使用费谈判中以寻求禁令救济相威胁，除非技术标准实施者不参与谈判，或拒不执行已经生效的涉案专利许可使用条件的司法裁判。当然，标准必要专利权人与专利使用人在进行专利许可使用费谈判时，双方均应善意协商，不得故意拖延，标准必要专利权人可以自愿选择同意不诉诸禁令救济。可见，IEEE 制定的专利政策中，设定了标准必要专利权人严格于一般专利权人的禁令救济规则适用条件。

二、美国法院不主张在标准必要专利许可使用纠纷中适用禁令救济规则

在美国，当事人更加倾向于向执法机构通过提起反垄断调查的方式寻求包括经济损害赔偿、罚金、禁令乃至监禁在内的法律救济，最重要的是，反垄断调查中禁令救济的颁发概率远高于法院。ITC 对标准必要专利权人提出的反垄断案件，裁决程序快、原告胜诉率高。2005—2015 年的数据显示，标准必要专利权人在 ITC 和美国法院主张专利权，ITC 的胜诉率 49%，远高于在法院 29% 的胜诉率。同时，ITC 作出的排除令类似于法院颁发的禁

令救济，ITC 裁决给专利权人的损害赔偿金相当于法院判决的符合公平合理无歧视原则的专利许可使用费。[1]

有美国学者认为，标准必要专利权人作出公平合理无歧视许可声明，已认可损害赔偿金足以弥补专利侵权损失。考虑到货币损害赔偿的有效性，标准必要专利权人不会因为专利侵权遭受到不可弥补的损失，因此不符合获得禁令救济的条件。[2] 美国最高法院裁判的案件[3]支持了这一观点。美国法院认为，专利私有与标准公共之冲突影响着禁令救济的颁发，因为是否颁发禁令救济会影响标准必要专利权人与技术标准实施者在涉案专利许可谈判中的地位。[4] 在加州地区法院裁定的 Ebay 案中，标准必要专利权人承认，在获得符合公平合理无歧视原则专利许可使用费赔偿的情况下，因技术标准实施者的专利侵权行为造成的损失能得到足够的补偿。[5] 美国法院认为，任何形式的禁令救济措施，都是一种有争议的且与公平合理无歧视许可声明相矛盾的解决方法。在微软诉摩托罗拉案中，诉讼中请求禁令救济被认为是不适当的，因为按照公平合理无歧视许可声明条款，并没有证据证明标准必要专利权人遭受了不可挽回的损失，或法律未提供足够的补救措施。的确，标准必要专利许可使用纠纷是为了获得涉案专利许可

---

[1] MORTON F C, SHAPIRO C. Patent Assertions: Are We Any Closer to Aligning Reward to Contribution? [J]. Social Science Electronic Publishing, 2015, 16 (1): 89 - 133.

[2] LEMLEY M A, SHAPIRO C. A Simple Approach to Setting Reasonable Royalties for Standard - Essential Patents [J]. Berkeley Technology Law Journal, 2013, 28: 1135 - 1162.

[3] ebay Inc. v. MercExchange, L. L. C., 547 U. S. 388 at 391.

[4] Microsoft v. Motorola, Inc., 795 F. 3d 1024 at 1037.

[5] Realtek Semiconductor Corp. v. LSI Corp., 946 F. Supp. 2d 998 at 1006 - 07 (N. D. Cal. May 20, 2013).

使用费，而不是强制禁止实施涉案专利。因此，采用恰当的方法确定涉案专利许可使用费，才是符合标准必要专利许可声明的救济措施。[1] 总之，在确定标准必要专利许可使用费的进程中，美国法院经常拒绝颁发禁令救济。

从美国法院对相关案件的司法裁判结果看，法院不倾向于在标准必要专利许可使用纠纷案中选择适用禁令救济，当然，美国并没有明确表示绝对禁止适用禁令救济。例如，在微软诉摩托罗拉案中，微软公司寻求并获得了来自地区法院的裁决令，那就是禁止摩托罗拉公司强制执行德国法院签发的任何禁令。可见，美国法院对于标准必要专利许可使用纠纷，更加愿意致力于寻求合理的专利许可使用费，以平衡当事人之间的利益纠葛，而不是选择颁发禁令救济。换句话说，美国法院追求的是促进技术标准的实施，以及当事人之间利益平衡的达成，而不是利用禁令救济规则迫使其中的一方当事人屈服。

美国政府与法院持相同观点。2013 年 8 月，奥巴马政府依据总统对 ITC 的决定可在 60 天行使否决权之规定，否决了 ITC 在 337 调查中作出的针对苹果 iPhone4 及 ipad 产品的进口及销售禁令，理由是苹果公司侵犯的是三星公司持有的标准必要专利，不宜签发禁令[2]，表明美国政府不支持在标准必要专利许可使用诉讼中适用禁令救济规则的主张。

有美国学者持相反观点，认为除非公平合理无歧视许可承诺中包含了清楚而又明确的放弃请求禁令救济法定权利的声明，否

---

[1] Microsoft Corp. v. Motorola, Inc., 696 F. 3d 872 at 885 (9th Cir. 2012).

[2] 吴征．美国“重启”SEP 反垄断执法，中国宜抓紧完善知识产权反垄断修法和执法 [EB/OL]. (2022－06－10) [2021－12－13]. https://page.om.qq.com/page/OfKDShAvDkSw_5L1wUlv3u7Q0.

则，标准必要专利权人申请禁令救济的行为并没有违反其向技术标准组织作出的公平合理无歧视许可声明。❶ 而且，限制禁令救济能有效排除标准必要专利权人专利劫持行为的观点缺少实证数据支撑。❷ 还有学者选择了60家3G标准必要专利许可案例进行实证分析，并未发现专利劫持和专利许可使用费堆积问题，并由此指出，夸大标准必要专利许可中的专利劫持问题，可能会忽略发明者在技术创新中面临的风险，从而出现反向专利劫持问题，导致标准必要专利权人得不到应有的经济补偿。❸ 毕竟，法院拒绝颁发禁令救济，就是允许专利实施者继续制造或销售专利产品，专利侵权行为尚在继续。❹ 实践中，美国法院在苹果诉三星案中曾颁发过禁令救济。❺ 标准必要专利权人寻求禁令救济，并没有违反由公平合理无歧视许可声明带来的合同义务。同样地，对于标准必要专利权人在专利许可谈判前就寻求禁令救济，且被识别为实施专利劫持行为的证据，进而拒绝颁发禁令救济，并没有统一的说法。❻

同样地，在日本发生的系列苹果诉三星案件，日本同样未支持三星公司提请的禁令救济。

---

❶ SIDAK J G. The Meaning of FRAND, Part Ⅱ: Injunctions [J]. Journal of Competition Law & Economics, 2015, 11 (1): 201 -269.

❷ SIDAK J G. The Meaning of FRAND, Part Ⅱ: Injunctions [J]. Journal of Competition Law & Economics, 2015, 11 (1): 221 -259.

❸ GERADIN V D. ReverseHold - ups: The (Often Ignored) Risks Faced by Innovators in Standardized Areas [EB/OL]. (2010 - 11 - 12) [2021 - 12 - 13]. https: //papers. ssrn. com/sol3/papers. cfm? abstract_id = 1711744.

❹ eBay Inc. v. MercExchange, L. L. C. , 547 U. S. 388 (2006).

❺ Apple v. Samsung, No. 11 - cv -01846, 2012 WL 1672493.

❻ JACOB R. Competition Authorities Support Grasshoppers: Competition Law as a threat to Innovation [J]. Competition Policy International, 2013, 9 (2): 15 -29.

三、欧洲支持在标准必要专利许可使用纠纷中适用禁令救济规则

相比美国而言，欧洲法院更加倾向于支持在标准必要专利许可使用纠纷中适用禁令救济规则，这与其法律传统是分不开的。在德国，标准必要专利许可使用纠纷中的禁令救济规则适用，与普通专利侵权纠纷中禁令救济规则的适用标准一致。通常，法院以颁发禁令救济为原则，以特殊情况下支持专利侵权行为人的禁令救济抗辩为例外。英国高等法院指出，公平合理无歧视许可声明创设了第三人受益合同，因此，如果标准必要专利权人作出了公平合理无歧视许可声明，则不能申请禁令救济；如果技术标准实施者愿意无条件接受法院裁定的涉案专利许可使用费，当然不应对其颁发禁令救济；但是，如果技术标准实施者拒绝接受法院裁定的涉案专利许可使用费，应受到禁令救济规则的限制。

在英国法院看来，公平合理无歧视许可声明具有执行性和可审判性。[1] 无线星球诉华为案是英国高等法院裁决的首例标准必要专利许可使用纠纷，在诉讼开始前，原告已充分告知华为公司，愿意按照公平合理无歧视原则签订标准必要专利许可使用协议，那么，华为公司应该清楚，如果不能达成协议，原告可能提出包含禁令救济申请的诉讼。也就是说，诉讼过程中，是华为公司没有接受在法院看来并不违反公平合理无歧视原则的全球性涉案专利许可使用费的打算。法院最终判决，如果华为公司拒不接受法院判决的全球性专利许可使用费，法院将颁发禁令救济。

可以发现，欧洲在解决标准必要专利许可使用纠纷时，更加

---

[1] Unwired Planet v. Huawei, EWHC, HP－2014－000005, 5 April 2017.

重视禁令救济规则的适用，涉案专利许可使用费的确定则处于第二位。在欧洲，禁令救济几乎成为专利侵权的默认补救措施。违反公平合理无歧视承诺义务在专利侵权诉讼中常被侵权行为人作为一种抗辩理由，一旦抗辩成功，则可能被允许免除适用禁令救济。欧洲法院对华为诉中兴案的看法，体现出对禁令救济的适用趋于保守。值得一提的是，在前述典型案例中，sisvel、无线星球公司均属于NPE，自己不实施涉案专利且依靠涉案专利收取许可使用费是其最重要特性。可以说，执行禁令救济对NPE没有任何好处。很显然，无论是sisvel，还是无线星球公司，它们在起诉时向法院申请禁令救济，显然只是将禁令救济作为对己有利的谈判筹码，最终目的是迫使技术标准实施者支付专利许可使用费。换句话说，sisvel、无线星球公司分别是为了能与海尔公司和华为公司达成专利许可使用协议，以获得专利许可使用费。当然，这恰恰说明禁令救济规则的适用与否将对标准必要专利许可使用费的确定产生重大影响。

对于标准必要专利权人寻求禁令救济，欧盟的态度从曾经的完全禁止转变为如今的有条件适用。在德国橙皮书标准案中，法院设定了高难度的专利强制许可抗辩条件，向专利权人颁发了禁令救济。但是，在随后的欧盟委员会查处摩托罗拉和三星二期标准必要专利垄断中，欧盟委员会不允许颁发禁令救济，因为它可能加强标准必要专利权人的优势地位，从而出现专利劫持行为，导致标准必要专利许可使用双方地位的不平衡。在华为诉中兴案中，欧洲法院修正了德国橙皮书标准案中更加注重规制反向专利劫持的倾向，完善了欧盟委员会在对摩托罗拉案和三星的反垄断审查案中倾向于规制专利劫持的不足，对可能出现的专利劫持和反向专利劫持给予了同等必要的警惕。

的确，虽然禁令救济是对专利侵权行为的一种合理补救措施，但当涉及标准必要专利，且被许可方愿意按照符合公平合理无歧视原则的条款获得专利许可使用的情况下，权利人寻求禁令救济可能是在滥用市场优势地位。因为在这种情况下，标准必要专利许可谈判极易被扭曲，禁令救济可能只是被用来迫使技术标准实施者接受不合理专利许可条款的工具。[1] 欧盟委员会认为，以标准必要专利为基础寻求禁令救济，是欧盟反垄断规则所禁止的滥用优势地位行为。对此，英国上诉法院前大法官持否定态度，在他看来，欧盟委员会不允许专利权人申请禁令救济，忽略了诉讼是一种了结纠纷的方式。事实上，交易双方走上法庭的动力不是结束标准必要专利许可使用交易，而是进行标准必要专利许可交易——诉讼正是通过其他方式继续进行许可交易谈判。而且，法院可以根据专利许可交易双方提供的证据作出裁决。况且，标准必要专利权人具有市场支配地位只是一个公开的假定，因为标准必要专利很可能根本不是必要的，事实上确实很多都不是。即使曾经是标准必要专利，也可能将来不再是，围绕涉案专利的新专利方法或许已经被发明出来了。正因如此，在2015 年的华为诉中兴案中，欧盟法院作出了赞成标准必要专利权人向法院寻求禁令救济的决定，但要求专利权人在寻求禁令救济之前，履行警告专利侵权人并提出公平合理无歧视许可使用费的义务。[2] 此外，欧盟法院还为双方当事人的专利许可使用谈判提供了一种导向，即标准必要专利许可使用双方在未决专利侵权诉讼中考虑竞争法的影响，也即是否涉嫌实施了垄断行为。

---

[1] Samsung v. Apple, 31 January 2012; Motorola v. Apple, 6 May 2013.

[2] Huawei v. ZTE. Case C – 170/13, CJEU, Decision of 16 July 2015.

总之，欧洲法院审理标准必要专利许可使用纠纷案件时，主张在一定条件下适用禁令救济规则，并不反对签发禁令救济。事实上，欧盟、德国及英国法院在审理标准必要专利许可使用纠纷时，均向侵权行为人颁发了禁令救济，尽管有的禁令附有条件。同时，欧洲地区重视技术标准实施者的诚意，在标准必要专利许可使用谈判中，一旦标准必要专利权人将争议诉诸法院，则大大增加了法院颁发禁令救济的可能。

四、以印度为代表的发展中国家支持附条件适用禁令救济规则

印度已经成为继欧洲、美国、中国之后智能手机领域标准必要专利许可诉讼的新战场。印度人口众多，消费市场巨大。目前，中国手机厂商小米、金立、OPPO 和 vivo 等在印度涉诉。值得一提的是，中国这几家涉诉企业在印度的手机销售业绩抢眼，居当地市场份额前列。例如，被爱立信公司起诉侵犯通信标准必要专利的金立和小米，2014 年金立手机涉诉时，年销量近400 万台，在印度的出货量相当于其他中国手机企业的销量总和。

标准必要专利权人向印度法院提请禁令救济较易获准。在爱立信诉小米及杜比诉 OPPO 和 vivo 案中，印度法院对专利权人申请的禁令救济均给出了支持态度。仅以各国法院适用禁令救济规则的客观结果为基础分析，标准必要专利权人在印度、欧洲法院申请禁令救济较易获得支持，而在美国、中国则较难获得支持。这种现象的出现并不是偶然的，主要基于两方面原因。一是印度和欧洲本土企业在参与技术标准化活动时的身份比较相似。实践中，欧洲和印度本土企业主要以技术标准实施者的身份参与产业竞争，作为标准必要专利权人的本国企业较少。尽管诺基亚公司

作为一家欧洲企业手持大量移动通信领域的标准必要专利，但在标准必要专利许可纠纷频出的2010年后的几年，诺基亚手机处于被市场淘汰的阶段，或者说，从2011到2016年，诺基亚公司的主要精力用于重新在手机市场争得一席之地，而不是提起专利诉讼，更何况，诺基亚公司已经转让了大量专利。二是中国和美国本土企业在参与技术标准活动时的身份也比较相似。美国、中国本土企业既是标准必要专利权人，如美国的高通公司、摩托罗拉公司等手持大量标准必要专利，中国的华为公司、中兴公司也是手握大量标准必要专利，但同时也有大量企业以技术标准实施者的身份参与产业竞争，如美国的苹果公司，中国的小米公司、魅族公司等。

第三节　我国标准必要专利许可使用纠纷中禁令救济规则的适用建议

综合学界及各国法院对标准必要专利许可使用纠纷中禁令救济规则适用问题的观点，可以发现，标准必要专利权人可否寻求禁令救济及能否获得禁令救济，直接决定着标准必要专利许可使用双方的谈判地位。的确，如果标准必要专利权人可以寻求禁令救济，且容易获得禁令救济，可能会利用在标准必要专利许可使用谈判中的绝对优势地位，实施专利劫持行为。相反，如果标准必要专利权人不可寻求禁令救济，或很难获得禁令救济，标准实施者可能会故意拖延专利许可使用的谈判进程，实施反向专利劫持行为。其实，无论是专利劫持行为，还是反向专利劫持行为，都与技术标准组织制定公平合理无歧视原则的目标相冲突，不利于技术标准的推广实施及相关产业的可持续发展。

从当前美国、欧洲相关案件的判决结果来看，标准必要专利权人作出公平合理无歧视声明并不必然导致失去禁令救济。当然，是否颁发禁令救济与各国家在案件裁判时期的利益倾向有关，即是更偏重于专利权人利益保护，还是更偏重于社会公共利益维护。目前，世界各国已对此问题逐渐形成了相对统一的认识：美国司法部和联邦贸易委员会作为两大反垄断执法机构，已发出标准必要专利不应适用禁令救济的声明，美国法院在司法裁量中对禁令救济规则的适用态度尤为谨慎；欧盟竞争执法机构在调查摩托罗拉公司时，指出对标准必要专利随意适用禁令救济规制将会导致严重的竞争问题，欧盟法院在司法裁量中没有对禁令救济规则的适用采取一概拒绝的态度，但设置了严格的适用条件。

我国法律并没有明确规定标准必要专利权人是否可以获得禁令救济。按照民事权利“法不禁止即可为”之原则，标准必要专利权人不因作出公平合理无歧视许可声明而丧失获得禁令救济的权利。鉴于技术标准及公平合理无歧视许可声明的存在，标准必要专利许可纠纷中禁令救济规则的适用当然应区别于一般专利许可纠纷。但是，对标准必要专利权人来说，不能仅因为作出公平合理无歧视许可声明，就完全丧失禁令救济请求权。试想，如果标准必要专利权人失去维护专利价值的最重要武器，就算能通过诉讼获得专利许可使用费，也未必符合公平合理无歧视原则的本意。

我国在司法实践中颁发过禁令救济，如深圳市中级人民法院揭牌后审理的首起具有重大国际影响的华为诉三星案，原被告双方均在通信领域占有重要地位，且均因通信标准必要专利许可多次涉诉。2016 年 5 月，华为公司因两项专利许可纠纷在深圳市中级人民法院分两案起诉三星电子。[1] 华为公司在两案中诉称，涉案专利为 4G 标准必要专利，被告实施了专利侵权行为，且在许可谈判中有明显过错，未遵守公平合理无歧视原则，请求法院颁发禁令救济。三星公司辩称其在谈判中无明显过错，违反公平合理无歧视原则的是原告华为公司。2016 年 6 月，三星公司就涉案专利提请专利复审委员会无效宣告，两件专利分别于 2017 年 1 月及 4 月得到维持。法院在两案判决中支持了华为公司提请的禁令救济，并表示双方可在停止侵权判决生效继续涉案专利许可谈判，若达成协议，法院允许原告同意不执行停止侵权判项。该案足以看出法院希望通过禁令救济的颁发促使双方达成涉案专利许可使用协议。

同时，我国在禁令救济规则的适用问题上，重视本国企业的发展。例如，西电捷通诉索尼案是北京知识产权法院自成立以来审理的标准必要专利第一案。该案因标准必要专利权人为通信领域的中国企业，被告为外国企业，而被北京知识产权法院列为典型案例公开审理示范，最高人民法院院长、科技部部长现场旁听了该案的首次庭审。2014 年微软收购诺基亚案更加充分说明我国坚持的国家利益立场。当时，国家商务部发布的反垄断审查公告要求微软公司、诺基亚公司按公告要求履行其承诺，接受商务部监督。双方承诺将持续遵守其向标准组织作出的公平合理无歧视承诺进行标准必要专利许可使用，标准必要专利的转让以受让人同意遵守此前的所有承诺为条件。此外，微软公司还承诺，在中国境内不就承诺的标准必要专利寻求禁令或排除令；在标准必

[1] 深圳市中级人民法院（2016）粤 03 民初 816 号及（2016）粤 03 民初 840 号。

要专利许可使用中，除被许可人拥有同一行业标准必要专利外，不要求技术标准实施者反向许可专利。诺基亚公司承诺，将全面考虑多项因素评估各个标准必要专利的许可使用价值，不偏离此前所要求的公平合理无歧视计件费率；对于已作出的公平合理无歧视许可声明的标准必要专利，除非潜在的标准实施者缺乏善意签订公平合理无歧视许可使用协议，否则不通过寻求禁令救济以阻止技术标准实施。此外，诺基亚公司还需在五年内履行每年向商务部提交遵守承诺的报告，包括请求禁令救济的案例、转让标准必要专利的案例、新签订的超过承诺计件许可使用费率的许可协议，并就遵守承诺作出解释。[1]

综上，我国不宜完全限制禁令救济规则的适用，但必须对其适用设定严格条件。具体说来，第一，在技术标准实施者没有恶意的前提下，标准必要专利权人不可申请禁令救济，国家权力机关也不应就标准必要专利的实施颁发禁令救济。第二，诚信、善意是评判标准必要专利许可使用谈判中是否存在专利劫持和反向劫持的重要标准。如果在标准必要专利许可使用谈判中出现专利劫持等恶意或不诚信行为，则应严格限制禁令救济规则的适用；反过来，如果在标准必要专利许可使用谈判中出现了反向专利劫持等恶意或不诚信行为，则应支持禁令救济规则的适用。

同时，我国在禁令救济规则的适用问题上应坚持两个立场。一是坚持禁令救济规则适用利于我国产业发展的立场。美国总统否决 ITC 对苹果公司颁发的禁令救济，以及我国西电捷通诉索尼案受国家重视充分说明：诉讼的背后是商业，诉讼只是手段；案

---

[1] 《关于附加限制性条件批准微软收购诺基亚设备和服务业务案经营者集中反垄断审查决定的公告》（2014 年第 24 号）。

件的背后是利益，当事人发起诉讼是为了在商业竞争中获利。可以说，禁令救济规则的适用表面上影响的是企业利益，但其实，企业利益关涉着产业利益，乃至国家利益。二是坚持限制禁令救济规则适用的立场。禁令救济的颁发会对技术标准实施者及技术标准的推广实施产生较大的负面影响，且标准必要专利毕竟不同于一般专利，公共属性强。

本章小结

本章通过对标准必要专利许可使用诉讼中禁令救济规则适用情形的考察，具体分析了当事人拒不履行法院裁决的涉案标准必要专利许可使用费，以及技术标准实施者在专利许可使用谈判中缺乏诚信和善意的具体表现，考察了以美国、欧洲等为代表的发达国家，以及以印度为代表的发展中国家对于标准必要专利许可使用纠纷中禁令救济规则的适用主张。例如，美国法院对此类案件的审理，更倾向于寻求标准必要专利许可使用费，较少适用禁令救济规则；欧洲法院较多适用禁令救济规则，且在判决书中详细阐述了禁令救济规则的适用条件及适用理由；印度法院不拒绝禁令救济规则的适用。建议我国在设定严格条件的前提下谨慎适用禁令救济规则。

第六章

标准必要专利许可使用诉讼的当下态势和解决思路

诉讼是解决标准必要专利许可使用中相关法律问题的重要途径，标准必要专利权人和技术标准实施者都可能基于商业策略的考量提起标准必要专利许可使用诉讼，双方不断采取新的策略应对标准必要专利许可过程中出现的专利劫持和反向专利劫持行为。司法裁量中，法院确定符合公平合理无歧视原则的标准必要专利许可使用费，需要准确阐释公平合理无歧视原则的内涵，动态分析当事人在标准必要专利许可使用谈判中表现出来的诚信和善意，谨慎适用禁令救济规则。

第一节 标准必要专利许可使用诉讼的当下态势

因无法达成标准必要专利许可使用协议而发生的诉讼纠纷在境内外非常广泛。但无论是发生在以美国、欧洲为代表的欧美发达国家，还是发生在以中国、印度为代表的亚洲发展中国家，这些诉讼都有一些共同的特点，例如，当事人提起标准必要专利许可使用诉讼常常是基于商业策略的考量。在诉讼中，当事人采用非标准必要专利、NPE 等方式应对技术标准实施者可能出现的反向专利劫持行为。当前，我国标准必要专利在国际上的竞争能力还相对较弱，但处于不断发展壮大的上升态势。

一、提起标准必要专利许可使用之讼是当事人的商业策略

标准必要专利许可使用诉讼常常只是标准必要专利交易双方寻求更加有利的专利许可使用费之手段。苹果公司与爱立信公司之间的讼争是最好的例证。2015 年 1 月，苹果公司拒绝与爱立信公司续签到期协议，在美国加州北部地区法院提起诉讼，指控爱立信公司在双方原签订的协议中收取了过高的 2G、3G、4G/LTE 标准必要专利许可使用费。对此，爱立信公司以诉讼方式回应苹果公司。2015 年 1 月，爱立信公司在美国德州东部地区法院起诉苹果公司，请求法院确认其此前与苹果公司签订的专利许可使用协议符合公平合理无歧视原则。2015 年 2 月，爱立信公司先后向美国联邦贸易委员会、美国德州地方法院指控苹果公司经营的 iPhone 手机和 iPad 计算机侵犯其 41 项专利。2015 年 5 月，爱立信公司又在德国、荷兰、英国法院起诉，指控苹果公司侵犯其专利权。仅仅半年后的 2015 年 12 月，两公司全面和解，终止或撤回各自发起的相关诉讼，并且签署了长达 7 年之久的全球标准必要专利许可使用协议。

苹果公司与诺基亚公司的专利侵权诉讼及和解经过与此有几分相像。实践中，苹果公司通常以标准必要专利权人要价太高违反公平合理无歧视承诺义务，滥用市场支配地位为由，起诉或抗辩标准必要专利权人。苹果公司作为全球市值最大的技术标准实施者，在专利许可使用谈判中无疑是一个强者，其强势地位和强势态度显而易见，它几乎不考虑爱立信公司、诺基亚公司、高通公司等标准必要专利权人与其他标准实施者达成的专利许可使用费，更在乎自己的话语权和影响力，为此不惜主动提起诉讼或积

极迎合诉讼，并一直坚持只要不达目的就将诉讼进行到底的商业策略。

发生在我国的诉讼也不例外。我国标准必要专利许可使用纠纷案件，从时间来看晚于美国、欧洲等发达国家，但提起诉讼同样属于企业的商业策略。高通诉魅族案属于典型例证。高通公司自被中华人民共和国国家发展和改革委员会行政处罚后，进行了一系列整改，先后与包括华为公司、小米公司、联想公司、OPPO、vivo 在内的一百多家中国公司签订了一系列专利许可使用协议。然而，魅族公司虽然一直使用高通公司的 3G/4G 标准必要专利，但一直没有与高通公司达成专利许可协议。鉴于双方协商不成，高通公司于 2016 年 6 月 24 日向北京知识产权法院提起诉讼，要求魅族公司支付专利损害赔偿金 5.2 亿元人民币。对于高通公司的起诉，魅族公司称愿意在合理基础上向高通公司支付专利使用费，但高通公司要求支付的专利许可使用费过高，不符合公平合理无歧视原则，如果魅族公司满足高通公司的要求，叠加计算需要支付的专利许可使用费占手机售价的三分之一。为逼迫魅族公司妥协，2016 年 6 月 30 日，高通公司分别针对 9 项非标准必要专利向魅族公司提起诉讼，主张 900 万元赔偿。重要的是，高通公司这一次针对非标准必要专利寻求禁令救济。不仅如此，高通公司还于 2016 年 10 月先后在美国、德国和法国针对魅族公司涉嫌侵犯专利的行为采取行动，如向美国国际贸易委员会投诉，向德国慕尼黑地方法院提起诉讼，在法国收集魅族公司侵犯专利的证据，持续多途径向魅族公司发难。终于，2016 年末，魅族手机作为最后一个不支付专利许可使用费的“钉子户”，与高通公司达成通信领域标准必要专利许可使用协议，双方系列诉讼终以和解结案。

在华为诉三星案中，一审法院颁发了禁令救济，且允诺若双方能达成涉案专利许可使用协议，禁令救济可不予执行。华为公司提请禁令救济并不是真的为了禁止被告实施技术标准，而是为了能与其达成涉案专利许可使用费，寻求涉案专利许可使用谈判中更加有利的条件。可见，华为公司提起禁令救济之诉，同样是基于商业策略的考量。

总之，标准必要专利许可之诉只是双方寻求更加有利交易条件的手段。标准必要专利权人永远以多收取专利许可使用费为目标，标准实施者永远以少支付专利许可使用费为目标。如果不能达成目标，双方都有可能提起诉讼。例如，专利权人选择在哪个国家提起诉讼、由谁提起诉讼、以何种理由提起诉讼，都与商业策略相关。其实，由当事人协商达成的协议往往最符合公平合理无歧视原则，法院虽是公立的中间人，但毕竟不是技术的创造者或使用者，对技术本身的价值评判缺乏基础，很难突破局外人评判的局限。

二、标准必要专利权人采取新举措制约专利反向劫持行为

标准必要专利许可使用纠纷的产生不排除客观上双方无法达成许可使用协议，需要法院从中斡旋以达成符合公平合理无歧视原则的专利许可使用费，实现双方之间的利益平衡。然而不可否认的是，双方在标准必要专利许可使用谈判中的专利劫持行为和反向专利劫持行为均客观存在。专利劫持严格受到公平合理无歧视原则的约束，法院在确定具体的公平合理无歧视许可使用费及选择适用禁令救济规则时，会充分考量权利人是否存在专利劫持行为。对于反向专利劫持，标准必要专利权人不再仅选择通过诉

讼获得专利许可使用费，因为诉讼需要花费大量的人力财力和时间成本。实践中，标准必要专利权人采取的应对反向专利劫持的措施有两种。

（一）利用重要的非标准必要专利提起诉讼

苹果公司因为在标准必要专利许可使用谈判中的一贯强势态度，曾被誉为专利恶霸。高通公司作为专利巨人，在标准必要专利许可使用诉讼中多次因被指控要求过高的专利许可使用费而成为被告。例如，2016 年 4 月，加拿大手机制造商黑莓公司与美国高通公司因专利许可使用费过高而一致同意提交法院裁决。2017 年 4 月，美国加州地区法院初步裁定，高通公司需向黑莓公司退还的专利许可使用费约 8.15 亿美元。此前，苹果公司抱怨高通公司收取的专利许可使用费过多，甚至高于诺基亚公司、爱立信公司等四大通信厂商所收专利许可使用费之和。苹果公司曾起诉高通公司，指控其克扣了 10 亿美元回扣，收取了过高的标准必要专利许可使用费，违反了公平合理无歧视原则。尽管公平合理无歧视承诺就如标准必要专利许可使用中权利人的紧箍咒，但是标准必要专利侵权之诉的最大优势在于专利侵权判决结果的可预期性。即便如此，为了对付专利恶霸苹果公司，遏制苹果公司不愿支付被要求的专利许可使用费的强势态度，并远离公平合理无歧视原则的束缚，2017 年 7 月，高通公司提请美国国际贸易委员会对苹果公司展开 337 调查，并同时在联邦法院对苹果公司提起诉讼。高通公司指称，涉案 6 个专利是重要技术，但不是任何行业或移动终端所实施的标准必要专利，苹果公司及其代工厂未向高通公司支付过专利许可使用费。也就是说，高通公司利用其持有的不属于标准必要专利的重要专利技术向苹果公司提起诉讼。

此种诉讼策略同样在中国出现。2017 年 9 月，高通公司在北京知识产权法院提起诉讼，控告苹果公司侵犯其 3 件专利权，涉案 3 件专利主要涉及触屏技术、电源管理等，最重要的是，涉案专利同样为非标准必要专利。高通公司选择非标准必要专利进行维权，根本目的是通过诉讼获取苹果公司不愿支付的专利许可使用费，且在诉讼中不因公平合理无歧视原则而受到过多的约束。

（二）利用 NPE 进行专利维权

在诺基亚公司及 NPE 起诉苹果案中，诺基亚公司采取了先提起诉讼，然后将向苹果公司主张专利许可使用费不成的专利转让给 NPE，由 NPE 继续追讨专利许可使用费的策略。前已述及，在诺基亚公司与苹果公司的系列专利许可使用诉讼中，苹果公司拒绝诺基亚公司所要求数额的涉案专利许可使用费的态度相当强硬。在苹果公司看来，诺基亚公司所持有的这些专利不应当被列入收费范围。诺基亚公司起诉后，法院并未支持诺基亚公司对所有的争议专利收费。于是，诺基亚公司将与苹果公司签订专利许可使用协议之外的专利分批转让给了 NPE。事实上，阿卡西亚研究公司（Acacia）、康文森公司等 NPE 在获得由诺基亚公司转让的专利后，对苹果公司提起了多起诉讼，NPE 有的是时间和精力通过起诉向苹果公司等企业追要专利许可使用费。的确，NPE 通过诉讼获得专利许可使用费对专利权的保护具有一定的积极作用。以 NPE 诉苹果案为例，实现了诺基亚公司相关重要专利技术及标准必要专利的经济价值，有利于帮助诺基亚公司收回相关专利的研发、维护及运营投入，帮助诺基亚公司从专利诉讼中抽身，集中精力继续进行新技术研发。而这些，同时有利于技术的进步及人类福祉的实现。

三、我国企业在国际标准必要专利竞争中面临的挑战

我国法院已经审理的标准必要专利许可诉讼第一案华为诉IDC案，华为公司是作为技术标准实施者参与诉讼的。尽管后来在我国的标准必要专利之战中，我国企业在一定程度上从被动挨打转变为主动出击。数字音频编码技术（Digital Rise Audio，DRA）是由广州广晟数码技术有限公司（以下简称“广晟数码公司”）开发的，是音频编码的国家标准。2007年1月被批准成为中国电子行业标准（标准号SJ/T 11368—2006）。DRA音频标准可应用于数字电视、数字音频广播、数字电影院、激光视盘机、网络流媒体、IPTV及移动多媒体等领域。广晟数码公司作为标准必要专利权人可要求技术标准实施者如深圳创维－RGB电子有限公司、天津三星电子有限公司、青岛海信电器股份有限公司等终端厂商支付专利许可使用费。但我国企业在国际标准必要专利竞争中仍然处于弱势地位。

第一，我国技术标准的推广依然存在困难。例如，广晟数码公司在推广DRA技术标准时宣称，如果采用DRA代替杜比、数字化影院系统（DTS）等音频标准，我国企业每年至少可节省80亿～90亿元的专利使用费支出。但是，DRA还未成为国际标准，创维、海信等终端厂商的产品要走出国门，仍然必须向杜比、DTS等缴纳专利使用费。再以无线网络标准（WIPA）技术为例，该专利从2005年初开始在美国提出专利申请，到2013年年底获得专利授权，历时近9年时间，充分说明WIPA技术方案

在美国获得专利授权历经波折。而且，2010 年至 2013 年，WIPA 专利申请连续四次成为中美商贸联委会的重要讨论议题，中美两国对此专利技术方案都很重视，WIPA 专利最终能在美国获得专利授权与此不无关系。其实，WAPI 专利早在 2003 年就已成为中国手机安全技术标准，并于 2010 年 6 月成为国际手机网络安全技术标准。

第二，我国企业在国际技术标准中争得一席之地的路还很长。WIPA 作为我国在网络安全领域的第一个国际标准，优于尚未跨进国际标准门槛的 DRA，但西电捷通作为 WIPA 标准必要专利权人，一路走到今天同样极为不易。尽管 WIPA 标准技术方案已经获得国际国内专利授权，但其专利权并没有得到专利使用者足够的尊重。例如，侵权行为人索尼公司不仅长期实施该标准必要专利，而且拒不进行 WIPA 专利许可使用谈判，拒不支付专利许可使用费，甚至还指责该标准必要专利价值低。索尼公司在法院已判决其侵权并承担相应法律责任的情况下不服判决上诉。苹果公司更是以该 WIPA 标准必要专利不具备新颖性和创造性等为由，向我国专利复审委员会提出专利无效宣告申请，在专利复审委员会驳回专利无效申请维持专利有效的情况下，不服行政决定继续向法院提起诉讼。

这种状况正在逐渐改变。近几年来，华为公司、中兴公司等中国企业在无线通信标准技术领域的国际地位已经发生了极大变化。截至 2021 年年底，在全球累计专利申请量超过 20 万件，《专利合作条约》（PCT）超过 6 万件。除专利数量外，华为公司的专利价值得到广泛认可。过去五年，已有超过 20 亿台智能手机获得了华为公司 4G/5G 专利许可使用；在汽车领域，目前每年约有 800 万辆获得了华为公司 4G/5G 专利许可使用的智能汽车交付给消费者；在视频领域，目前已有 260 家厂商、10 亿台终端产品通过专利池获得了华为公司的 HEVC 专利许可。❶ 中兴公司在专利领域的业绩同样辉煌，截至 2021 年年底，中兴公司拥有 8 万余件全球专利申请、历年全球累积授权专利 4 万余件；芯片专利申请 4400 件，授权专利约 1950 件，已与行业中的众多权利人达成交叉许可，5G 标准专利声明量排全球前五。❷ 不难看出，曾经在海外专利市场挨打的中国企业华为公司和中兴公司，如今不仅有能力自保，甚至已经凭借标准必要专利许可使用获得收益了。在移动通信领域 5G 标准到来之际，它们必将大有所为。但同时可能伴随标准必要专利许可纠纷，毕竟，有需求就有市场，有市场就有利益争夺和商业竞争，专利纠纷也必将由此引起。到那时，我国企业在国际标准必要专利竞争中的地位将会得到提升。

第二节 标准必要专利许可使用诉讼的解决思路

解决当事人之间的纠纷是法院的天职。通常，如果标准必要专利许可双方能达成专利许可使用协议，当然无须法院的介入；如果双方因为达成标准必要专利许可使用合同而引发纠纷并诉至法院，法院当然有权审理，帮助协商无果的当事人双方确定符合公平合理无歧视原则的标准必要专利许可使用费。实践中，各国

❶ 华为公布“十大发明”评选成果 累计申请专利超 20 万件 [EB/OL]. (2022-06-09) [2022-08-09]. https://t.ynet.cn/baijia/32891394.html.

❷ 价值超过 450 亿：中兴通讯的这笔财富如何运营？[EB/OL]. (2022-04-24) [2022-08-10]. https://www.163.com/dy/article/H5OLSSHR0511CSHM.html.

法院已经审理了大量相关案件，法院被动行使净化纠错功能，维护社会公正，在解决此类纠纷中发挥了重要作用。

一、标准必要专利许可使用纠纷的解决需要司法诉讼途径

实践中，几乎所有的技术标准组织都不参与解决标准必要专利许可使用争议，法院承担了定纷止争、维护当事人双方合法利益及促进标准必要专利相关产业健康发展的重任，司法诉讼已经成为解决标准必要专利许可使用纠纷的重要途径。具体来说，司法诉讼解决标准必要专利许可使用纠纷具有以下积极作用。

一是有利于当事人之间达成更加符合公平合理无歧视原则的标准必要专利许可使用协议。华为诉 IDC 案即是例证。2011 年 7 月，IDC 向美国国际贸易委员会及特拉华州地区法院分别提出诉请，要求对华为公司颁发禁令救济。其实，IDC 在美国提起诉讼是为了迫使华为公司接受其单方提出的专利许可使用费报价。显然，如果华为公司不向案件联系地法院寻求司法救济，就只能被动接受由 IDC 提出的、可能违反公平合理无歧视原则的标准必要专利许可使用费，没有任何谈判的余地。因此，华为公司选择在我国提起诉讼，要求 IDC 在公平合理无歧视基础上授予专利许可。然而，IDC 在美国对华为公司提出诉讼的同时，认为华为公司不宜在我国法院提起诉讼，理由竟然是专利许可使用谈判中的商业条款分歧应通过商业谈判而不是诉讼予以解决。庭审中，IDC 答辩认为，中国法院及法律对此案没有管辖权。对此，我国法院认为，双方争议和请求法院裁决的是符合公平合理无歧视原则的标准必要专利许可使用费，案件所涉标的是 IDC 在中国申请获权的标准必要专利，其申请及获得授权依据是中国专利法。更

进一步的，华为公司住所地、涉案专利实施地、谈判协商地均在中国，与中国有最密切的联系。因此，中国法院有权审理本案，中国法律应当被适用于本案。

二是有助于标准必要专利的认定。实践中，涉案专利是否属于标准必要专利是引发当事人之间专利许可使用纠纷的原因之一，也是解决当事人之间纠纷的关键，需要有专业能力和公信力的机构进行断定。然而，技术标准组织既不参与认定，也不参与协调，以解决当事人之间的纠纷为天职的法院，无理由拒绝处理和化解此类纠纷。早在 2005 年，IDC 在英国起诉诺基亚公司侵犯其 2G 标准必要专利权的同时，诺基亚公司提请法院宣告 IDC 指称的标准必要专利是“非必要”的。英国高等法院认为，应在审判中确认技术标准中的涉诉专利是否为必要专利。[1] 双方当事人最终达成和解协议，诺基亚公司同意向 IDC 支付 2.53 亿美元的标准必要专利许可使用费。[2] 2006 年，IDC 再次状告诺基亚公司侵犯其 3G 标准必要专利权，诺基亚公司再次提请法院审查涉诉标准必要专利是否为必要专利。法院经审查认为，案中涉诉四项专利中的三项不属于标准必要专利，一项属于标准必要专利，按照英国法律，诺基亚公司应承担侵权法律责任。可见，英国法院在案件审理过程中审查了专利权人所主张的标准必要专利之权利要求是否成立。客观来说，当事人双方发生纠纷诉至法院，法院作为解决纠纷的最后场所，应当评判当事人关于某项技术标准中的专利是否为必要专利的争议。

---

[1] [2005] EWCA Ciu 614.

[2] 青梅．诺基亚向 InterDigital 支付巨资摆平专利纠纷 [EB/OL]．(2006－04－29) [2021－10－23]．http：//tech. sina. com. cn/t/2006－04－29/0931923517. shtml.

三是有利于维护中国企业的合法利益。曾经，中国企业面对海外专利侵权诉讼的底气严重不足。早在 2009 年 3 月和 8 月，活动图像及声音编码国际技术标准（MPEG－2 技术标准）[1] 中的必要专利权人以专利被侵犯为由，分别对联想公司、海尔公司向纽约南区地方法院和德国杜塞尔多夫地方法提起诉讼，指控联想公司等技术标准实施者未与其签署专利许可使用协议，要求法院颁发禁令救济，支持其经济赔偿诉求。当时，作为被告的中国企业联想公司和海尔公司，尚不清楚 MPEG－2 技术标准何时建立、这些必要专利是何技术、在整机与芯片中是何关系，更没有质疑过涉案标准必要专利由谁认定、如何认定，在未理清关键问题也未全面回应的情况下，就与原告达成和解。

尽管中国企业正努力将在标准必要专利领域的跟随者角色转变为创造者角色，但是当前，我国大多数企业是作为技术标准实施者参与技术标准的推广实施活动。在此背景下，中国企业通过诉讼解决标准必要专利许可纠纷是非常重要的，尽管诉讼结果并不一定是期待的。实践中，我国企业参与诉讼的结果并不理想。据统计，2000 年至 2013 年，在美国专利侵权诉讼中，中国大陆企业作为被告胜诉比例为 31%，作为原告胜诉比例为零。即便如此，当前中国企业华为公司、中兴公司、小米公司、金立公司、OPPO 和 vivo 在全球多地陷入诉讼未必是坏事。最先在海外市场因知识产权吃亏的华为公司及中兴公司，近几年在无线通信标

---

[1] MPEG－2 技术标准由 MPEG 组织于 1990 年 7 月制定，是第一代音频视频编解码标准的代表，目前在国际上最为通行，该编解码技术是数字电视、手机视频通信等众多产业的关键技术。新技术如 MPEG－4 AVC（即 H. 264）的诸多优点都是以 MPEG－2 为基础形成的。MPEG 组织由 ISO/IEC 于 1988 年成立的运动图像专家组，负责制定数字音频视频及其他媒体的压缩、解压缩等国际技术标准。

准必要专利领域越来越强大，在全球专利市场取得的显著成绩，正是得益于在专利诉讼中对技术创新及知识产权保护重要性的感悟。例如，在无线星球诉华为案中，就算华为公司按照英国高等法院判决书中的公平合理无歧视许可费使用率与无线星球公司签订专利许可使用协议，该次诉讼也是利大于弊：如果华为公司履行法律判决，就自然解除了禁令救济之威胁。同时，法院裁决的标准必要专利许可使用费率远远低于无线星球公司要求的专利许可使用费率，只是稍微高于华为公司在谈判中的出价（见表1）。

表1　无线星球诉华为案双方谈判出价及法院裁决价格明细表

出价时间		无限星球公司提出的许可费率			华为公司提出的许可费率		
		LTE/4G	UMTS/3G	GSM/2G	LTE/4G	UMTS/3G	GSM/2G
2014年7月		0.2%	0.1%	0.1%	—	—	—
2015年6月		—	—	—	0.034%	0.015%	—
2016年8月	全球市场	0.13%	0.065%	0.065%	0.036%	0.015%	—
	英国市场	0.42%	0.21%	0.21%	—	—	—
	单个专利	0.55%	0.28%	0.28%	0.040%	0.015%	—
2016年10月	英国市场	—	—	—	0.061%	0.046%	0.045%
	单个专利	—	—	—	0.059%	0.046%	0.045%
类别		LTE/4G	UMTS/3G	GSM/2G	—	—	—
英国法院判决	欧美市场	0.052%	0.032%	0.064%	—	—	—
	中国市场	0.026%	0.016%	0.016%	—	—	—

注：数据来源于 Unwired Planet v. Huawei，EWHC，HP－2014－000005，5 April 2017。

总之，因无法达成符合公平合理无歧视原则的标准必要专利许可使用费纠纷具有可诉性。从司法实践来看，法院已经受理并裁决了大量的标准必要专利许可使用纠纷，我国司法解释更是明确规定了公平合理无歧视许可使用费纠纷具有可诉性。

二、司法裁量需要诠释公平合理无歧视原则的内涵

标准必要专利许可使用纠纷的解决，需要以对公平合理无歧视许可承诺的恰当理解为前提。否则，不仅难以判断当事人是否违反了公平合理无歧视原则，更无法确定涉案专利的许可使用费。实践中，公平合理无歧视原则被广泛应用于规范技术标准中的必要专利许可使用行为，是平衡标准必要专利权人、技术标准实施者及社会公众之间利益关系的一项基本准则，已被标准必要专利权人和技术标准实施者所普遍接受。[1] 法院在裁决此类案件时，亦需对公平合理无歧视原则的内涵作出解释。

（一）技术标准参与人在原初状态中处于同等的地位是公平的先决条件[2]

因为进入技术标准的必要专利，虽然不具有与专利完全相同的垄断性，但向技术标准实施者收取标准必要专利许可使用费的权利得到了技术标准组织的确认。技术标准实施者通过获得专利许可使用，得以进入技术标准相关产业市场，参与竞争，获取收益。[3] 然而，标准必要专利许可使用双方的地位往往是不平等的，签订公平的专利许可使用协议并不容易。毕竟，签订普通专

---

❶ 张平，赵启杉．冲突与共赢：技术标准中的私权保护——信息产业技术标准的知识产权政策分析［M］．北京：北京大学出版社，2011：57.

❷ 约翰·罗尔斯．作为公平的正义［M］．姚大志，译．上海：上海三联书店，2003：29.

❸ 小杰伊·德雷特勒．知识产权许可［M］．王春燕，译．北京：清华大学出版社，2003：13－23．

利许可使用协议时，当事人在许可谈判中会充分考量产品市场的商业竞争状况、替代技术的发展情况等因素，如果协商不成，双方均可另作选择。但是，当专利成为标准必要专利，标准实施者若想进入某行业参与竞争，则必须获得标准必要专利权人的许可使用授权。如此，技术标准实施者在许可使用谈判中的地位相对弱势。那么，公平合理无歧视原则中的公平，就要求标准必要专利许可使用双方能够在谈判地位不平等的情况下，均衡分配利益。[1]

（二）确定合理的专利许可使用费是合理的核心问题

如美国法院在判决书中指出，公平合理无歧视原则首先体现为合理的涉案专利许可使用费。在标准必要专利许可交易中，权利人因为作出了公平合理无歧视许可承诺声明，不再享有拒绝许可的权利，但其获取应有的经济利益回报是通过收取标准必要专利许可使用费达成的。然而，到底什么才是合理的专利许可使用费是商业实践中的难题，抽象的合理原则根本无法解决。对此，美国联邦法院在 Georgia – Pacific 案[2]的审理中，以司法裁判的形式开创性地提出了十五个因素，用以确定专利权人的损失，并在许可实践中用于计算专利许可使用费。[3]

当然，对于可能出现的标准必要专利劫持和许可使用费堆积风险，公平合理无歧视承诺意味着专利权人承担的义务不仅限于

---

[1] 马海生．专利许可的原则——公平、合理、无歧视许可研究［M］．北京：法律出版社，2010：20 – 25.

[2] Georgia – Pacific Corp. v. U. S. Plywood – Champion Papers Inc. , 446 F 2d 295（2nd Cir. 1971）.

[3] 张平．论涉及技术标准专利侵权救济的限制［J］．科技与法律，2013（5）：72.

只能获得合理的最高许可使用费。如在微软诉摩托罗拉案中，法院除考虑专利许可使用费总量控制、专利劫持及专利许可使用费堆积三个因素之外，还重点考虑了另外两个因素。一是符合公平合理无歧视原则的标准必要专利许可使用费，必须有利于技术标准的推广实施；二是确定符合公平合理无歧视承诺的标准必要专利许可使用费，必须保证高价值标准必要专利能够得到合理的经济回报，维持技术标准的先进性。当然，考虑这两个因素的出发点，是为了实现技术标准组织的目标。

法院认为，过高的标准必要专利许可使用费，是技术标准实施者参与市场竞争的巨大障碍，当如此巨大障碍成为不可克服的阻力，标准必要专利实施者放弃实施技术标准，技术标准的推广实施将会面临严重困难，标准必要专利权人收回创新投入将变得无法预期。其实，创制具有先进性的技术标准是整个社会的福利，但是，它以高价值专利技术为基础。如果进入技术标准的高价值专利无法得到合理的许可使用费回报，专利权人可能放弃参与专利标准化活动。当然，同一个技术标准中的多项必要专利，哪些属于高价值专利，以及各自对技术标准的贡献率，是确定符合公平合理无歧视原则的专利许可使用费所必须解决的重要问题。

（三）无歧视的内涵要多角度理解

无歧视首先体现在标准必要专利权人愿意向所有的使用者提供专利许可。前述相关案件中的专利许可使用令或同意令中，作为被告的专利权人都被要求或主动同意向所有的专利实施者提供许可。其实，无论是专利许可使用令还是同意令，都是为了弥补专利权人的反竞争行为所造成的市场扭曲而出现的。[1] 向所有的专利实施者提供非歧视性许可，是移除阻碍市场竞争专利壁垒的较好方式。实际上，无歧视性专利许可的有益价值远远超越了对反竞争危害的救济，它更在意的目标，是建立可以保证专利实施者得以平等使用专利技术的开放政策。在这一观念的帮助下，我们可以认为，无歧视性专利许可承诺应当适用于任何技术标准实施者。然而，这种观点受到了质疑。的确，专利技术同时存在于价格差异巨大的终端产品及其零部件中，那么，专利权人同时向技术标准终端产品及零部件生产者、使用者授予专利许可，并收取许可使用费[2]，不仅不合适，而且不符合专利穷竭理论。因此，有学者提出，公平合理无歧视原则中的无歧视，不是要求标准必要专利权人必须向所有的技术标准实施者提供许可，而是要求专利权人在向已经选择的技术标准实施者提供许可时避免出现歧视行为。

此外，无歧视还要求标准必要专利权人向所有的技术标准实施者提供统一条件的专利许可。其实，早在 1945 年的哈特福德公司案中，联邦最高法院就提到了统一性问题，它颁发的专利许可令要求，专利权人必须以统一的合理许可使用费向所有潜在的专利实施者提供许可。[3] 只有当法律要求采用不同的许可使用费方式，或专利被许可人提出以非货币化方式补偿专利权人时，偏离统一的专利许可使用费才被法院允许。同时，为了限制专利权人滥用统一费率例外规定，如果收取统一的专利许可使用费侵害

---

[1] United States v. Gen. Elec. Co. (General Electric II), 115 F. Supp. 835, 844 (D. N. J. 1953).

[2] Quanta Computer, Inc. v. LG Electronics, Inc., 553 U. S. 617 (2008).

[3] Hartford – Empire Co. v. United States, 324 U. S. 570, 574 (1945).

了其利益，法院允许专利实施者提起诉讼。其实，在哈特福德公司案中，法院并没有严格要求专利权人以统一条件对待所有的专利实施者，而是允许专利权人向不同种类产品制造商收取不同的许可使用费，如集装箱制造商与机械制造商属于不同种类产品。此外，前述施乐公司案中无歧视原则的适用更为复杂，案中的专利实施者可以至多被免费许可实施三项专利，其他按净产品售价0.5%收取，1.5%封顶。尽管美国联邦贸易委员会要求施乐公司按照统一条件收取专利许可使用费，但是免费和收费专利的组合可能是无限的，当不同的专利实施者作出不同的组合选择，按照统一条件收取专利许可使用费的基础就不存在了。[1]

总之，在法院看来，公平合理无歧视原则中的无歧视，要求专利权人向所有的专利实施者提供专利许可，不允许其拒绝向特定的技术标准实施者提供许可。从相关案件的判决结果来看，法院更加倾向于促进市场竞争，减少垄断行为带来的危害，而不是帮助专利权人实现公平的投资回报。很显然，标准必要专利权人为提高专利许可使用费收入而拒绝向零部件供应商提供许可的行为，不符合无歧视要求。当然，标准必要专利权人拒绝向所有的标准实施者颁发许可同样会给市场竞争带来损害。技术标准组织制定公平合理无歧视原则，并不是为了调整早期案件中专利实施者寻求法院阻止专利权人实施反竞争行为。

目前，学界已形成共识，即非歧视专利许可使用不是指所有的技术标准实施者享有完全相同的专利许可使用条件，而是所有的潜在技术标准实施者在与专利权人协商专利许可使用费时，应

---

[1] Xerox Corp., 86 F. T. C. 364, 374 (1975).

被同等的考量，并获得相对应的专利许可使用条件。[1] 相同的交易条件在现实交易中是存在的，因此，可以认为，无歧视就是在相同条件之下，标准必要专利权人向支付相同对价的标准实施者提供相同的专利许可使用条件。[2] 换言之，无歧视允许标准必要专利权人向不同条件的技术实施者收取不同的专利许可使用费。例如，播放器和磁盘标准产品生产者被允许支付不同的标准必要专利许可使用费。

三、专利许可纠纷的解决离不开技术标准组织的参与

虽然技术标准组织是法定技术标准的主要制定者，但其几乎不参与解决标准必要专利许可使用纠纷，也不参与认定某技术标准中的专利是否为必要专利。其实，技术标准组织可以不直接参与解决标准必要专利许可使用纠纷，但应当参与认定标准必要专利。

（一）技术标准组织不直接参与解决标准必要专利许可纠纷的缘由

第一，技术标准组织的任务是制定技术标准。在技术标准制定过程中，技术标准组织负责技术判断，即选择最合适的技术进入技术标准。至于进入技术标准的技术方案是否为专利、应当以何价格进行许可使用，属于法律或商业问题。技术标准组织更愿

---

[1] KEELER R D. Why Can't We Be FRANDs? The Effect of Reasonable and Non - Discriminatory Commitments on Standard - Essential Patent Licensing [J]. Cardozo Arts and Entertainment Law Journal, 2013, 32 (1): 326 - 327.

[2] 马海生. 专利许可的原则——公平、合理、无歧视许可研究 [M]. 北京：法律出版社，2010：72.

意花时间和精力完成技术标准的制定和推广实施，而不是解决专利许可使用纠纷。

第二，技术标准组织不可能介入标准必要专利许可使用谈判。主观上说，具体的标准必要专利许可使用条款属于商业问题，只能由当事人自行协商，技术标准组织作为第三方无法介入。客观上说，技术标准组织没有足够的时间和精力解决当事人之间的标准必要专利许可使用争议。例如，ITU 适用的快速技术审批程序，将技术标准化进程时间缩短 80% ~90%，此前批准和公布技术标准约需四年，现在平均两个月，至少五周，为的是实现技术标准在行业要求时间内被引入市场。[1]

第三，技术标准组织不是争议解决机构。技术标准组织未必有能力恰当评判标准必要专利许可使用争端，即使作出评判，当事人也未必愿意听从。最重要的是，技术标准组织无法保证其裁决的强制实施。实践中，技术标准组织没有参与解决标准必要专利许可使用纠纷，当事人之间产生的专利许可使用纠纷通过双方协商、请求法院裁决、国家机构调查、仲裁机构裁决等方式解决。

尽管前述原因是技术标准组织不参与解决标准必要专利许可纠纷的正当理由，但是，技术标准组织完全置身于标准必要专利许可纠纷之外这一现实，客观上可能会引发更多的专利许可使用纠纷。例如，在实践中，公平合理无歧视原则一直被抱怨内涵过于模糊，以至于涉案当事人、法院及仲裁或反垄断执法机构分别在不同场合承担着解释公平合理无歧视原则的任务。当公平合理

---

[1] ITU. Standards approval [EB/OL]. (2014 - 08 - 10) [2021 - 10 - 02]. http: // www. itu. int/en/ITU - T/about/Pages/approval. aspx.

无歧视原则被不同主体解释得五花八门、令人瞠目结舌时，技术标准组织的不作为态度是不负责任的。因为，模糊不清的规则或许还不如没有规则。[1] 毋庸置疑，内涵不够清晰的公平合理无歧视原则，如果未被一致理解，可能会产生误解和纠纷，进而阻碍技术标准的推广实施，影响技术为人类福祉服务的使命。其实，对于标准必要专利许可使用纠纷，尤其当权利人涉嫌滥用因技术标准的公共属性而获得的市场优势地位时，技术标准组织并不总是漠不关心。如在 2005 年美国博通公司诉高通公司反垄断案中，作为技术标准组织的 IEEE 和总线控制分会（VMEbus）等业内机构虽然没有直接参与案件处理，但间接促进了案件的解决，前述两个技术标准组织均向美国联邦第三巡回上诉法庭提供了支持博通公司的意见。

（二）技术标准组织参与认定标准必要专利的优势

认定标准必要专利是解决专利许可使用纠纷的基础性问题，往往对案件裁决结果起着决定性影响，技术标准组织参与认定标准必要专利具有如下优势。

第一，技术标准组织参与认定标准必要专利的先天条件优越。技术标准组织有相关技术领域的强大技术专家阵容，加之专家们了解、熟悉技术标准中的技术方案，也许有深刻且独到的认识，不参与技术标准制定的其他专家难以企及。可以说，参与技术标准制定的专家对某项专利是否构成标准必要专利具有最高话语权，是技术标准组织具备的认定标准必要专利的得天独厚条件。

---

[1] IEEE 标准协会．标准制定组织的知识产权政策及其运用［J］．竞争政策研究，2015，3（3）：11－12．

第二，技术标准组织参与认定标准必要专利的结果公平公正。通常，标准必要专利由专利许可组织或潜在的专利权人认定。但是，专利权人作为利害关系人，单方认定的标准必要专利的有效性和准确性遭到质疑，专利许可组织单方认定同样不能确保结果公平公正。实践中，为达公平效果，专利权人常组成专利联盟进行专利许可，由联盟聘请第三方专家，严格程序认定技术标准中的必要专利。[1] 此举能在一定程度上保证所认定标准必要专利的可信度。毕竟，被聘请的技术专家是具有独立身份地位的第三人，在相关技术领域具有足够的技能和知识，有能力确认或排除技术标准专利许可清单中的专利。但是，技术专家受雇于专利权人或专利许可组织，其完全中立的地位受到了质疑。[2] 然而，技术标准组织的认定结果能得到最大限度的认可，因为其丰富的技术专家资源和已经受到公认的中立地位。因此，在技术标准制定过程中，技术标准组织可以说明技术标准中可能包含的必要专利，既可帮助技术标准实施者辨识标准必要专利，又利于减少技术标准推广实施中的纠纷。

第三，技术标准组织参与认定的标准必要专利更加稳定。如前文所述，认定标准必要专利的主体中立，程序公正，结果当然更稳定。其实，确定标准必要专利的法律效力是解决专利许可纠纷的前提之一。实践中，为促进技术标准的制定，技术标准组织

[1] 乔栋．标准发展能否逾越专利的束缚——AVS 在平衡标准公权和专利私权关系中的探索［J］．WTO 经济导刊，2005（7）：45.

[2] CRANE D A. Patent Pools, RAND Commitments, and the Problematics of Price Discrimination［EB/OL］．（2013－12－28）［2020－07－20］．http：//ssrn. com/abstract＝1120071.

常采取宽松的专利政策，吸引技术贡献者。[1] 技术标准实施者常提出专利无效抗辩，如诺基亚公司向英国法院寻求认定 IDC 持有的 31 项 UMTS 专利为非标准必要专利一案，就是典型例证。诉讼中，2 项失效，IDC 自愿撤回了 9 项[2]，放弃 15 项，诺基亚公司撤回 1 项质疑，法院最终确认，31 项专利中仅 4 项为标准必要专利[3]。当前认定方式下，标准必要专利的稳定性极低，可能对技术标准的推广实施产生消极影响。

第四，技术标准组织参与认定标准必要专利具有可行性。且不说技术标准组织有能力提供最合适的认定技术专家，还可以借助其他社会力量如法律专业人士。其实，标准必要专利的认定应当考虑技术，但更要结合法律。尽管认定标准必要专利以技术上的理解为重，但技术标准化是统一化、兼容化过程，常需要在一个产品或产业中集成众多技术。但是，认定标准必要专利同时涉及法律上的判断，如在国际层面确认技术标准中专利的有效性及保护范围。因此，技术标准组织在技术标准制定中认定标准必要专利是可行的，当然，需要法律专业人士出具有关专利法律问题的意见，技术专家出具有关专利技术问题的意见。

总之，技术标准组织应当参与认定标准必要专利，如果技术标准组织在制定技术标准时初步认定其中的必要专利，无疑会增强标准必要专利的可信度和稳定性，尽管其认定并不具有法律上的最终效力。

---

[1] lERNER J，TIROLE J. Standard - Essential Patents ［J］. Journal of Political Economy，2015，123（3）：547 -586.

[2] IDC 公司自愿撤回的原因，是自认为这 9 项不属于标准必要专利。

[3] 华为诉 IDC 案，（2013）粤高法民三终字第 305 号。

四、标准必要专利许可使用纠纷的解决离不开当事人的诚信和善意

法院裁决的无论是标准必要专利许可使用纠纷案件，还是标准必要专利权人滥用市场支配地位案件，或者各国展开的反垄断调查，都非常重视标准必要专利交易双方在达成许可使用协议时表现出来的诚信和善意。

几乎在所有的标准必要专利许可使用纠纷案件判决书中，法官都会分析标准必要专利权人及技术标准实施者在涉案专利许可使用谈判中，是否具有善意谈判的表现，以及是否履行了诚信谈判的义务。欧洲作为标准必要专利许可使用纠纷审理中适用禁令救济规则较多的地区，法院甚至以当事人在涉案专利许可使用谈判中是否具有善意，作为是否适用禁令救济原则的主要理由。美国法院虽不主张适用禁令救济规则，但在判决中指明，标准必要专利权人在签订每个许可使用合同时都必须负有诚信的善意和公平交易的潜在义务，无论是最初的报价，还是谈判期间的报价。[1] 也就是说，为了保证公平合理无歧视原则能够得到遵守，标准必要专利权人必须以诚信和善意的态度发出包含公平合理无歧视专利许可条件的要约。如果标准必要专利权人决定与潜在的被许可人进行更加深入的谈判，那么公平合理无歧视专利许可使用合同的达成，要求标准必要专利许可双方都必须保持善意的谈判态度。

在反垄断调查中，法院在判定标准必要专利权人实施滥用市

---

[1] Microsoft v. Motorola, 864 F. Supp. 2d 1023; Apple Inc. v. Samsung, 2012 WL 1672493.

场支配地位的行为时，重视审查标准必要专利权人在提请禁令救济前是否履行了善意沟通的义务。[1] 如三星公司与苹果公司之间的纠纷，华为诉中兴案及无线星球诉华为案。具体说来，如果标准必要专利权人没有与技术标准实施者进行任何沟通，就直接向法院提起诉讼并提出禁令救济申请，极可能被法院认定为构成滥用市场支配地位；如果标准必要专利权人已经与技术标准实施者进行过沟通，在无法达成一致的前提下，提起诉讼并要求法院颁发禁令救济，则往往会被法院认定为不构成滥用市场支配地位。

欧盟委员会在反垄断调查中，同样重视考察当事人的善意。2012 年，谷歌在收购摩托罗拉移动之前，曾向多个技术标准组织发函，承诺自己将尊重摩托罗拉公司此前针对标准必要专利作出的公平合理无歧视许可承诺，认可摩托罗拉公司此前预备收取最多为终端设备净售价 2.25% 的标准必要专利许可使用费，在交叉许可或存在其他对价时，可以抵销该许可使用费率。谷歌还承诺，将在合理时间内与潜在的标准实施者进行善意谈判，在此期间不基于标准必要专利寻求禁令救济。即使善意谈判失败，如果潜在的标准实施者愿意以一定条件提议获得标准必要专利许可使用授权，或者愿意为标准必要专利许可使用费提供担保，也将不寻求禁令救济。正是这些承诺，扫清了欧盟委员会对此次并购的质疑。欧盟委员会认为，交叉许可是移动通信领域的普遍惯例，它本身而言并不是反竞争的，基于标准必要专利寻求禁令救济，也不是滥用市场支配地位、反竞争的。因此，权利人对缺乏善意的潜在技术标准实施者申请禁令救济，并不违反公平合理无

---

[1] Huawei v. ZTE，CJEU，20 November 2014，Case C－170/12.；Unwired Planet v. Huawei，EWHC，HP－2014－000005，5 April 2017.

歧视许可承诺。

在标准必要专利许可使用纠纷中，达成符合公平合理无歧视原则的标准必要专利许可使用费是解决此类纠纷的首要任务，颁发禁令救济是解决此类纠纷的重要手段。但无论是涉案专利许可使用费的谈判，还是禁令救济规则的适用，当事人双方在涉案专利许可谈判中的诚信和善意都是重要的考量要素。

本章小结

本章通过对标准必要专利许可使用诉讼特点的分析，阐明了标准必要专利许可使用诉讼的提起常常是当事人基于商业策略的考虑，我国企业在国际标准必要专利竞争中处于弱势地位，多数时候属于支付专利许可使用费的技术标准实施者，要借助标准必要专利许可使用诉讼促成企业成长。同时，标准必要专利许可使用诉讼的解决离不开诉讼途径，法院的裁决需要诠释公平合理无歧视原则的内涵，需要技术标准组织的参与，更需要当事人双方的诚信和善意。

参考文献

一、中文文献（著作和论文，含译著、译文）

（一）著作

［1］郑伦幸. 标准必要专利权滥用法律规制研究［M］. 北京：知识产权出版社，2022.

［2］广东省高级人民法院知识产权审判庭. 通信领域标准必要专利法律问题研究［M］. 北京：知识产权出版社，2020.

［3］唐要家. 标准必要专利许可滥用反垄断研究［M］. 北京：知识产权出版社，2020.

［4］谭袁. 标准必要专利核心争议探究及制度建构［M］. 北京：中国社科出版社，2019.

［5］顾萍，杨晨. 域外技术标准化中的标准必要专利权人承诺研究——合同法、专利法与竞争法视角［M］. 北京：知识产权出版社，2016.

［6］方立维. 专利标准化下专利联盟及其专利授权许可政策［M］. 北京：知识产权出版社，2015.

［7］程鉴冰. 技术标准市场竞争与政府规制［M］. 北京：中国标准出版社，2014.

［8］吴汉东. 知识产权总论［M］. 3 版. 北京：中国人民大学出版社，2013.

［9］曹新明. 促进我国知识产权产业化制度研究［M］. 北京：知识产权出版社

版社，2012.

[10] 张平，赵启杉. 冲突与共赢：技术标准中的私权保护［M］. 北京：北京大学出版社，2011.

[11] 马海生. 专利许可的原则：公平、合理、无歧视许可研究［M］. 北京：法律出版社，2010.

[12] 安佰生. WTO与国家标准化战略［M］. 北京：商务印书馆，2005.

[13] 刘华. 知识产权制度的理性与绩效分析［M］. 北京：中国社会科学出版社，2004.

[14] 罗杰·谢科特，约翰·托马斯. 专利法原理［M］. 余仲儒，译. 北京：知识产权出版社，2016.

[15] 竹中俊子. 专利法律与理论［M］. 彭哲，沈旸，许明亮，等，译. 北京：知识产权出版社，2013.

[16] 威廉·M. 兰德斯，理查德·A. 波斯纳. 知识产权法的经济结构［M］. 金海军，译. 北京：北京大学出版社，2005.

[17] 彼得·达沃豪斯. 知识财产法哲学［M］. 周林，译. 北京：商务印书馆，2004.

（二）论文

[18] 李宗辉. 标准必要专利跨国诉讼中禁诉令的适用标准研究［J］. 法商研究，2022，39（4）：187－200.

[19] 刘影. 标准必要专利许可费率的计算：理念、原则与方法［J］. 清华法学，2022，16（4）：148－167.

[20] 李昌凤. 标准必要专利FRAND声明的法律性质辨析［J］. 黄河科技学院学报，2022，24（6）：78－84.

[21] 郑伦幸. 论FRAND承诺下标准必要专利许可费的确定方法［J］. 法学，2022（5）：146－158.

[22] 宁立志，龚涛. 标准必要专利全球费率裁判：实践、争议与对策［J］. 北方法学，2022，16（3）：38－52.

[23] 宗倩倩. 标准必要专利的全球许可费率管辖权争夺及其应对路径研究

[J]. 科技与法律（中英文），2022（1）：26－35.
[24] 祝建军. 标准必要专利全球许可条件的司法裁判研究［J］. 知识产权，2022（1）：36－49.
[25] 宋晓. 涉外标准必要专利纠纷禁诉令的司法方法［J］. 法学，2021（11）：176－192.
[26] 王雅芬，王颖. 论标准必要专利反向劫持规制［J］. 科技管理研究，2021，41（20）：159－168.
[27] 钱晓强. 通讯标准必要专利纠纷中的禁诉令问题探析［J］. 电子知识产权，2021（9）：56－63.
[28] 宋河发，方紫阳，武晶晶. 标准必要专利许可费率综合计算方法研究［J］. 科研管理，2021，42（8）：26－34.
[29] 赵威. 论国际诉讼管辖权冲突中的禁诉令制度——以标准必要专利诉讼案为例［J］. 理论探索，2021（4）：117－122.
[30] 祝建军. 标准必要专利禁诉令与反禁诉令颁发的冲突及应对［J］. 知识产权，2021（6）：14－24.
[31] 齐立文，宋晓亭，姜南. 标准必要专利企业的诉讼策略研究——以华为公司涉诉案为例［J］. 科技管理研究，2021，41（10）：178－184.
[32] 赵千喜. 标准必要专利之诉中的禁诉令［J］. 人民司法，2021（13）：18－23.
[33] 高敏，薛晓月. 标准必要专利侵权禁令救济规则在我国的适用研究［J］. 标准科学，2021（3）：30－35，46.
[34] 易继明，胡小伟. 标准必要专利实施中的竞争政策——“专利劫持”与“反向劫持”的司法衡量［J］. 陕西师范大学学报（哲学社会科学版），2021，50（2）：82－95.
[35] 王雪，曹瑾. 标准必要专利中 FRAND 原则在我国的司法实践考察［J］. 太原师范学院学报（社会科学版），2021，20（1）：68－76.
[36] 刘嘉明. 标准必要专利定价困境与出路——“法院—市场主体”二元复合解决模型的构建［J］. 法学杂志，2021，42（1）：121－131.

[37] 祝建军. 标准必要专利全球许可费率司法裁判问题研究 [J]. 知识产权, 2020 (10): 3 - 12.

[38] 仲春. 标准必要专利全球费率裁判思辨 [J]. 知识产权, 2020 (10): 13 - 22.

[39] 宁度. 标准必要专利权利人违反 FRAND 原则的反垄断法规制 [J]. 电子知识产权, 2020 (9): 29 - 41.

[40] 祝建军. 我国应建立处理标准必要专利争议的禁诉令制度 [J]. 知识产权, 2020 (6): 25 - 33.

[41] 罗蓉蓉. 论标准必要专利拒绝许可行为的规制——兼谈《专利法》第 48 条第 2 款强制许可的适用 [J]. 时代法学, 2020, 18 (3): 53 - 60.

[42] 马乐, 黄香. 限制标准必要专利禁令救济的裁判规则研究 [J]. 科技与法律, 2020 (2): 16 - 23.

[43] 宋文琦. 标准必要专利 FRAND 许可费计算方法研究 [J]. 成都理工大学学报 (社会科学版), 2020, 28 (2): 26 - 33.

[44] 谢玲. 标准必要专利许可费中 Top - Down 方法探析 [J]. 标准科学, 2020 (2): 14 - 18.

[45] 郭禾, 吕凌锐. 确定标准必要专利许可费率的可比协议法研究 [J]. 中国物价, 2020 (1): 52 - 55.

[46] 周宇. 标准必要专利中 FRAND 承诺的法律性质 [J]. 电子知识产权, 2019 (6): 48 - 57.

[47] 唐要家, 李恒. 标准必要专利许可 FRAND 承诺可实施性 [J]. 科技管理研究, 2019, 39 (7): 163 - 169.

[48] 郭禾, 吕凌锐. 确定标准必要专利许可费率的 Top - down 方法研究——以 TCL 案为例 [J]. 知识产权, 2019 (2): 58 - 68.

[49] 张广良. 标准必要专利 FRAND 规则在我国的适用研究 [J]. 中国人民大学学报, 2019, 33 (1): 114 - 121.

[50] 张世明. 标准必要专利 FRAND 承诺与反垄断法作用 [J]. 内蒙古师范大学学报 (哲学社会科学版), 2019, 48 (1): 66 - 89.

[51] 李扬. FRAND 承诺的法律性质及其法律效果 [J]. 知识产权，2018 (11)：3 - 9.

[52] 詹爱岚，郑慧燕. 标准必要专利禁令救济规则的国际新进展及启示 [J]. 浙江工业大学学报（社会科学版），2018，17 (3)：326 - 332.

[53] 袁波. 标准必要专利禁令救济立法之反思与完善 [J]. 上海财经大学学报，2018，20 (3)：125 - 141.

[54] 朱光琪. 标准必要专利禁令救济的反垄断法规制 [J]. 浙江理工大学学报（社会科学版），2018，40 (4)：395 - 402.

[55] 周莳文，邓钰玮. 论 “专利劫持” 的法律属性及其司法救济 [J]. 科技管理研究，2018，38 (8)：180 - 186.

[56] 徐家力. 标准必要专利许可费之争——以 “高通诉魅族” 案为切入点 [J]. 江苏社会科学，2018 (1)：166 - 172.

[57] 车红蕾. 交易成本视角下标准必要专利禁令救济滥用的司法规制 [J]. 知识产权，2018 (1)：50 - 58.

[58] 李扬. FRAND 劫持及其法律对策 [J]. 武汉大学学报（哲学社会科学版），2018 (1)：117 - 131.

[59] 李剑. 标准必要专利许可费确认与事后之明偏见 [J]. 中外法学，2017 (1)：230 - 249.

[60] 刘影. 日本标准必要专利损害赔偿额的计算——以 “Apple Japan v. Samsung” 案为视角 [J]. 知识产权，2017 (3)：99 - 104.

[61] 连冠. 比较法视野下 FRAND 承诺的反垄断责任 [J]. 北京化工大学学报（社会科学版），2017 (3)：47 - 53.

[62] 赵启杉. 标准必要专利合理许可费的司法确定问题研究 [J]. 知识产权，2017 (7)：10 - 23.

[63] 任天一，石巍. FRAND 许可的经济分析及争端解决机制探究 [J]. 科技与法律，2017 (1)：20 - 30.

[64] 于连超，王益谊. 论我国标准必要专利问题的司法政策选择——基于标准化体制改革背景 [J]. 知识产权，2017 (4)：53 - 58.

[65] 丁亚琦. 论我国标准必要专利禁令救济反垄断的法律规制 [J]. 政治与法律, 2017 (2): 114 - 124.

[66] 黄薇君, 李晓秋. 论标准必要专利中的 FRAND 劫持 [J]. 科技进步与对策, 2017 (1): 111 - 117.

[67] 祝建军. 未参加标准制定的必要专利停止侵权救济的条件 [J]. 知识产权, 2017 (7): 3 - 9.

[68] 王颖. 标准必要专利中 FRAND 承诺的法律属性探析 [J]. 浙江万里学院学报, 2017 (3): 44 - 47.

[69] 袁晓东, 蔡宇晨. 标准必要专利转让后 FRAND 承诺的法律效力——英国"无线星球诉三星案"的启示 [J]. 知识产权, 2017 (11): 46 - 50.

[70] 王渊, 赵世桥. 标准必要专利禁令救济滥用的反垄断法规制研究 [J]. 科技管理研究, 2016 (12): 136 - 141.

[71] 许啸宇. 标准必要专利的 FRAND 许可规则研究 [J]. 哈尔滨师范大学社会科学学报, 2016 (4): 99 - 101.

[72] 杨东勤. 确定 FRAND 承诺下标准必要专利许可费费率的原则和方法——基于美国法院的几个经典案例 [J]. 知识产权, 2016 (2): 103 - 109.

[73] 杨君琳, 袁晓东. 标准必要专利 FRAND 原则的解释与适用 [J]. 科技管理研究, 2016 (1): 156 - 161.

[74] 叶高芬, 张洁. 也谈标准必要专利的禁令救济规则——以利益平衡为核心 [J]. 竞争政策研究, 2016 (5): 51 - 61.

[75] 尹雪萍. 标准必要专利禁令之诉的竞争法边界——以欧盟 2015 年华为诉中兴案为视角 [J]. 东岳论丛, 2016 (4): 173 - 179.

[76] 黄菁茹. 论 FRAND 原则对标准必要专利权行使的限制 [J]. 知识产权, 2016 (1): 90 - 96.

[77] 焦海涛, 戴欣欣. 标准必要专利不公平许可费的认定 [J]. 竞争政策研究, 2016 (1): 43 - 51.

[78] KOREN W E. 作出 FRAND 承诺的 SEPs 与禁令救济 [J]. 竞争政策

研究，2016（2）：17－20.

[79] 韩伟，徐美玲. 标准必要专利禁令行为的反垄断规制探析 [J]. 知识产权，2016（1）：84－89.

[80] 马海生. 标准必要专利许可费司法定价之惑 [J]. 知识产权，2016（12）：8－17.

[81] 倪朱亮，申楠，胡毅. 标准必要专利实施许可条件的裁判思路研究 [J]. 知识产权，2016（12）：26－31.

[82] 王晓晔. 论标准必要专利的特殊性 [J]. 中国价格监管与反垄断，2015（10）：20－26.

[83] 孟雁北，柳洋. 论我国规制标准必要专利定价行为的法律路径——以华为公司诉IDC公司案为研究样本 [J]. 竞争政策研究，2015（5）：72－81.

[84] 罗娇. 论标准必要专利诉讼的“公平、合理、无歧视”许可——内涵、费率与适用 [J]. 法学家，2015（3）：86－94.

[85] 魏立舟. 标准必要专利情形下禁令救济的反垄断法规制——从“橘皮书标准”到“华为诉中兴” [J]. 环球法律评论，2015（6）：83－101.

[86] 秦天雄. 标准必要专利许可费率问题研究 [J]. 电子知识产权，2015（3）：84－89.

[87] 乔瑟夫·凯顿. 专利劫持与FRAND原则 [J]. 竞争政策研究，2015（9）：19－20.

[88] 胡伟华. FRAND原则下许可使用费的司法确定 [J]. 人民司法，2015（8）：49－53.

[89] 赵启杉. 竞争法与专利法的交错：德国涉及标准必要专利侵权案件禁令救济规则演变研究 [J]. 竞争政策研究，2015（2）：83－96.

[90] 李慧颖. 专利劫持和反向专利劫持的法律关注 [J]. 竞争政策研究，2015（5）：15－19.

[91] 朱战威. 垄断语境下标准必要专利许可费之厘定——兼评“高通案”

专利许可费的裁决［J］. 价格理论与实践，2015（11）：37－40.
［92］祝建军. 标准必要专利使用费条款：保密抑或公开——华为诉IDC标准必要专利案引发的思考［J］. 知识产权，2015（5）：26－32.
［93］祝建军. 标准必要专利使用费的公开——以治理专利劫持和反向劫持为视角［J］. 人民司法，2015（8）：54－56.
［94］史少华. 标准必要专利诉讼引发的思考——FRAND原则与禁令［J］. 电子知识产权，2014（1）：76－79.
［95］孟雁北. 标准制定与实施中FRAND承诺问题研究［J］. 电子知识产权，2014（11）：26－30.
［96］祝建军，陈文全. 标准必要专利使用费率纠纷具有可诉性［J］. 人民司法，2014（3）：4－9.
［97］李扬，刘影. FRAND标准必要专利许可使用费的计算［J］. 科技与法律，2014（10）：866－883.
［98］何怀文，陈如文. 技术标准制定参与人违反FRAND许可承诺的法律后果［J］. 知识产权，2014（10）：45－49.
［99］胡洪. 司法视野下的FRAND原则——兼评华为诉IDC案［J］. 科技与法律，2014（10）：884－901.
［100］张平. 涉及技术标准FRAND专利许可使用费率的计算［J］. 人民司法，2014（3）：14－16.
［101］张平. 论涉及技术标准专利侵权救济的限制［J］. 科技与法律，2013（5）：69－78.
［102］王斌. FRAND承诺对标准基本专利权利行使的影响［J］. 电子知识产权，2013（12）：20－26.
［103］张吉豫. 标准必要专利"合理无歧视"许可费计算的原则与方法——美国"Microsoft Corp. v. Motorola Inc."案的启示［J］. 知识产权，2013（8）：25－33.
［104］张雪红. 标准必要专利禁令救济政策之改革［J］. 电子知识产权，2013（12）：32－35.

[105] 叶若思，祝建军，陈文全. 标准必要专利使用费纠纷 FRAND 规则的司法适用 [J]. 电子知识产权，2013 (4)：54 - 61.

[106] 王晓晔. 技术标准、知识产权与反垄断法 [J]. 电子知识产权，2011 (4)：39 - 40.

[107] 王学先，杨异. 技术标准中必要专利的认定 [J]. 学术论坛，2011 (10)：40 - 43.

[108] 张翀，龚艳萍. FRAND 许可规则下标准化技术的治理研究 [J]. 科学学研究，2011 (7)：1007 - 1011.

[109] 贾晓辉，潘峰. 标准组织知识产权政策 FRAND 许可原则评析 [J]. 信息技术与标准化，2010 (2)：55 - 57.

[110] 马海生. 标准化组织的 FRAND 许可政策实证分析 [J]. 电子知识产权，2009 (2)：35 - 39.

[111] 安佰生. 标准化中的专利权问题：进展与挑战 [J]. 知识产权，2008 (5)：40 - 55.

[112] 钱永铭，安佰生. 知识产权许可的反垄断行为研究 [J]. 国际贸易，2007 (9)：59 - 62.

[113] 张平，马骁. 技术标准与专利许可策略 [J]. 交通标准化，2005 (5)：8 - 13.

[114] 张平，马骁. 技术标准与知识产权的关系 [J]. 科技与法律，2003 (2)：110 - 124.

[115] 朱晓薇，朱雪忠. 专利与技术标准的冲突及对策 [J]. 科研管理，2003 (1)：140 - 144.

二、英文文献（著作和论文）

（一）著作

[116] GOVAERE I. The Use and Abuse of Intellectual Property Rights in E. C. Law [M]. Andover：Sweet & Maxwell，1996.

[117] DABBAH M M. EC and UK Competition Law [M]. Cambridge：Cam-

bridge University Press, 2004.

(二) 论文

[118] BROOKS R G, GERADIN D. Taking Contracts Seriously: The Meaning of the Voluntary Commitment to License Essential Patents on "Fair and Reasonable" Terms [EB/OL]. (2010 - 03 - 15) [2021 - 10 - 11]. https: //ssrn. com/abstract = 1569498.

[119] LAYNE - FARRAR A, PADILLA J, SCHMALENSEE R. Pricing patents for licensing in standard setting organizations: Making sense of FRAND commitments [J]. Antitrust Law Journal, 2007, 74 (3): 671 - 706.

[120] LAYNE - FARRAR A. Moving Past the SEP RAND Obsession: Some Thoughts on the Economic Implications of Unilateral Commitments and the Complexities of Patent Licensing [J]. GEO. MASON L. REV., 2008, 21: 1093 - 1101.

[121] BROOKS R G, GERADIN D. Interpreting and Enforcing the Voluntary FRAND Commitment [J]. INT'L J. IT STANDARDS & STANDARDIZATION RES., 2011, 9 (1): 1 - 23.

[122] CARLTON D W, SHAMPINE A L. Patent Litigation, Standard - Setting Organizations, Antitrust, and FRAND [J]. Texas Intellectual Property Law Journal, 2014, 22 (3): 223 - 234.

[123] YOOC S. Standard - Setting, FRAND and Opportunism [J]. Texas Intellectual Property Law Journal, 2013, 22 (1): 69 - 70.

[124] COTTER T F. Comparative Law and Economics of Standard - Essential Patents and FRAND Royalties [J]. Texas Intellectual Property Law Journal, 2014, 22 (3): 311 - 362.

[125] GERADIN D, RATO M. Can Standard - Setting Lead to Exploitative Abuse? A Dissonant View on Patent Hold - Up, Royalty Stacking and the Meaning of FRAND [J]. European Competition Journal, 2007, 3 (1): 101 - 161.

[126] GERADIN D, RATO M. FRAND Commitment and EC Competition Law: A Reply to Philippe Chappatte [J]. Eur. Competition J., 2010, 6 (1): 129-174.

[127] CRANE D A. Patent Pools, RAND Commitments, and the Problematics of Price Discrimination [EB/OL]. (2013-12-28) [2020-07-20]. http://ssrn.com/abstract=1120071.

[128] SWANSON D G, BAUMOL W J. Reasonable and Nondiscriminatory (RAND) Royalties, Standards Selection, and Control of Market Power [J]. Antitrust L. J., 2005, 73 (1): 1-58.

[129] CARLTON D W, SHAMPINE A L. An Economic Interpretation of FRAND [J]. Journal of Competition Law & Economics, 2013, 9 (1): 536-545.

[130] LICHTMAN D. Understanding the RAND Commitment [J]. Houston Law Review, 2010, 47: 1023-1050.

[131] GALLI N. The FRAND Defense up to Huawei/ZTE [J]. Bocconi Legal Papers, 2016 (7): 155-202.

[132] HOVENKAMP H J. Competition in Information Technologies: Standards-Essential Patents, Non-Practicing Entities and FRAND Bidding [EB/OL]. (2012-11-06) [2021-12-13]. https://papers.ssrn.com/sol3/papers.cfm?abstract_id=1711744.

[133] RATLIFF J, RUBINFELD D. The Use and Threat of Injunctions in the RAND Context [J]. Journal of Competition Law & Economics, 2013, 9 (1): 1-22.

[134] KESAN J P, HAYES C M. FRAND's Forever: Standards, Patent Transfers, and Licensing Commitments [J]. IND. L. J., 2014, 89 (1): 294-304.

[135] SIDAK J G. Apportionment, FRAND Royalites, and Comparable Licenses after Ericsson v. D-Link [J]. University of Illinois Law Review, 2016 (4): 1809-1870.

[136] SIDAK J G. The Meaning of FRAND, Part II: Injunctions [J]. Journal of Competition Law & Economics, 2015, 11 (1): 201 –269.

[137] SIDAK J G. Mandating Final – Offer Arbitration of FRAND Royalties for Standard – Essential Patents [J]. Stan. Tech. L. Rev., 2014, 18 (1): 1 –38.

[138] SIDAK J G. The Meaning of FRAND, Part I: Royalties [J]. COMPETITION L. & ECON., 2013 (9): 931 –1055.

[139] CONTRERAS J L. A Market Reliance Theory for FRAND Commitments and Other Patent Pledges [J]. Utah Law Review, 2015 (2): 479 – 558.

[140] CONTRERAS J L. Fixing FRAND: A Pseudo – Pool Approach to Standards – Based Patent Licensing [EB/OL]. (2013 –03 –31) [2022 –02 – 13]. https://papers.ssrn.com/sol3/papers.cfm? abstract_id =2242424.

[141] CONTRERAS J L. A Brief History of FRAND: Analyzing Current Debates in Standard Setting and Antitrust Through a Historical Lens [J]. Antitrust Law Journal, 2015, 80: 39 –120.

[142] CONTRERAS J L. CSIRO v. Cisco: The Convergence of RAND and Non – RAND Royalties for Standards – Essential Patents [EB/OL]. (2015 – 12 – 07) [2022 – 02 – 13]. https://papers.ssrn.com/sol3/papers.cfm? abstract_id =2749653.

[143] MILLER J S. Standard Setting, Patents, and Access Lock – In: RAND Licensing and the Theory of the Firm [J]. IND. L. REV., 2007, 40 (2): 351 –395.

[144] MALDONADO K. Breaching RAND and Reaching for Reasonable: Microsoft v. Motorola and Standard – Essential Patent Litigation [J]. Berkeley Technology Law Journal, 2014, 29: 419 –464.

[145] KATTAN J. FRAND Wars and Section [J]. Antitrust, 2013, 27 (3): 30 –35.

[146] HENNINGSSON K. Injunctions for Standard Essential Patents Under FRAND Commitment: A Balanced, Royalty - Oriented Approach [J]. IIC - International Review of Intellectual Property and Competition Law, 2016, 47 (4): 438 -469.

[147] KESAN J P, HAYES C M. FRAND's Forever: Standards, Patent Transfers, and Licensing Commitments [J]. Indiana Law Journal, 2014, 89 (1): 231 -314.

[148] KIM Y. Lifting Confidentiality of FRAND Royalties in SEP Arbitration [J]. Columbia Science and Technology Law Review, 2014, 16 (1): 1 -35.

[149] LEE J. Implementing the FRAND Standard in China [J]. Vanderbilt Journal of Entertainment & Technology Law, 2016, 19: 37 -86.

[150] LI B C. The Global Convergence of FRAND Licensing Practices: Towards Interoperable Legal Standards [J]. Berkeley Technology Law Journal, 2016, 39: 429 -466.

[151] MARINIELLO M. Fair Reasonable and Non - Discriminatory (FRAND) Terms: A Challenge for Competition Authorities [J]. Journal of Competition Law & Economics, 2011, 7 (3): 523 -541.

[152] LEMLEY M A. Intellectual Property Rights and Standard Setting Organization [J]. California Law Review, 2002, 90 (6): 1889 -1980.

[153] LEMLEY M A, SHAPIRO C. A Simple Approach to Setting Reasonable Royalties for Standard - Essential Patents [J]. Berkeley Technology Law Journal, 2013, 28: 1135 -1162.

[154] LEMLEY M A, SHAPIRO C. Patent Holdup and Royalty Stacking [J]. Tex. L. Rev., 2007, 85 (7): 1991 -2049.

[155] CARRIER M A. A Roadmap to the Smartphone Patent Wars and FRAND Licensing [EB/OL]. (2012 -05 -03) [2021 -12 -13]. https://ssrn.com/abstract =2050743.

[156] CHAPPATTE P. FRAND Commitments—The Case for Antitrust Interven-

tion [J]. Eur. Competition J., 2009, 5: 320 - 331.

[157] EPSTEIN R A, KIEFF F SCOT, SPULBER D F. The FTC, IP, and SSOs: Government Hold - Up Replacing Private Coordination [J]. Journal of Competition Law & Economics, 2012, 8: 28 - 29.

[158] KEELER R D. Why Can't We Be (F) RANDS?: The Effect of Reasonable and Non - Discriminatory Commitments on Standard - Essential Patent Licensing [J]. Cardozo Arts and Entertainment Law Journal, 2013, 32 (1): 317 - 346.

[159] BROOKS R G. Patent "Hold - Up," Standards - Setting Organizations, and the FTC's Campaign Against Innovators [J]. AIPLA Q. J., 2011, 39: 435 - 471.

[160] EPSTEIN R J, MARCUS A J. Economic Analysis of the Reasonable Royalty: Simplification and Extension of the Georgia - Pacific Factors [J]. J. Patent & Trademark Office Soc'y, 2003, 85: 555 - 583.

[161] RYSMAN M, SIMCOE T. A NAASTy alternative to RAND pricing commitments [J]. Telecommunications Policy, 2011, 35 (11): 1010 - 1017.

[162] MICHEL S. Bargaining for RAND Royalties in the Shadow of Patent Remedies Law [J]. ANTITRUST L. J., 2011, 77: 889 - 910.

[163] WEBER R H. Competition Law versus FRAND Terms in IT Markets [J]. World Competition, 2011, 34 (1): 51 - 72.

[164] TSAI J, WRIGHT J. Standard Setting, Intellectual Property Rights, and the Role of Antitrust in Regulating Incomplete Contracts [J]. Antitrust Law Journal, 2015, 80 (1): 157 - 188.

[165] ANTHONY S F. Antitrust and Intellectual Property Law: From Adversaries to Partners [J]. AIPLA Quarterly Journal, 2000, 28 (1): 1 - 38.